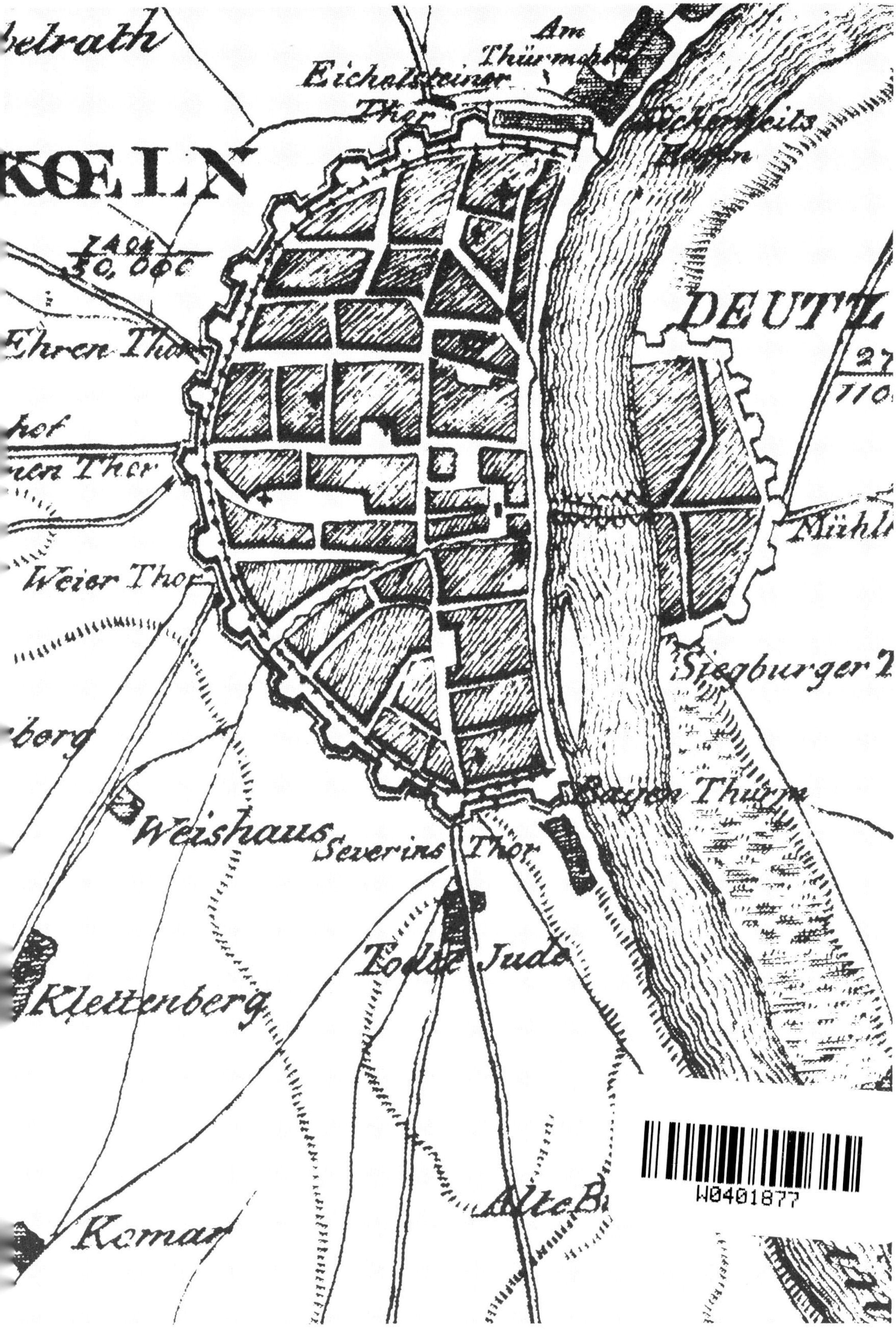
KOELN
Eichelsteiner
Thor
Ehren Thor
Weier Thor
Weishaus
Severins Thor
Kleitenberg
Todte Jude
DEUT
Siegburger

Konrad Adenauer
Volker Gröbe

Lindenthal

Die Entwicklung
eines Kölner Vororts

Verlag J. P. Bachem in Köln

Die Illustration auf der Vorderseite des Einbands zeigt die Kitschburg, nach einer Chromolithographie um 1860, aus: Alexander Duncker, Die ländlichen Wohnsitze, Schlösser und Residenzen der ritterschaftlichen Grundbesitzer in der Preußischen Monarchie, Berlin 1857 ff.

CIP-Kurztitelaufnahme der Deutschen Bibliothek
Adenauer, Konrad
Lindenthal: d. Entwicklung e. Kölner Vororts/Konrad Adenauer;
Volker Gröbe. – 1. Aufl. – Köln: Bachem, 1987.
ISBN 3-7616-0899-3
NE: Gröbe, Volker:

Erste Auflage · 1987

Gestaltung und Einbandentwurf:
Helmut Hartrumpf, Köln
Satz und Druck: J. P. Bachem, Köln
Reproduktionen: Willy Kühl, Köln
Einband: Hunke & Schröder, Iserlohn
Printed in Germany
ISBN 3-7616-0899-3

Inhalt

Vorwort

Publikationen über Kölner Stadtteile füllen die Regale der Buchhandlungen und Bibliotheken. Von Worringen und Flittard im Norden bis Marienburg und Porz im Süden, von Junkersdorf und Lövenich im Westen bis Merheim und Brück im Osten – über fast alle Vororte kann man sich ausführlich informieren. Selbst über jüngste Stadtteile wie Chorweiler oder Mengenich ist mancherlei nachzulesen. Über Lindenthal aber, den über siebentausend Jahre alten Kulturraum und den Standort der Kölner Universität, findet man erstaunlicherweise bislang kein zusammenfassendes Buch. Eine Lücke...!
Die beiden Autoren wollten – zunächst – nicht etwa diese Lücke schließen; vielmehr war es die Neugier, die sie bewog, den Stadtteil, in dem sie leben, gründlicher kennenzulernen. Dazu gingen sie auf Entdeckungsreisen durch Lindenthal, durchstöberten Archive und Bibliotheken, besuchten Pfarrämter, Kirchen, Klöster, Krankenhäuser, kommunale Behörden und Vereine; sie sprachen mit alteingesessenen Bürgern und trugen Bilder, Dokumente und Schriften zusammen. Aus dieser überaus umfangreichen Sammlung entstand ein Kaleidoskop mit historischen Begebenheiten, stadt- und sozialgeographischen Entwicklungen, gesellschaftlichen Verhältnissen und Ereignissen – verwoben mit Anekdoten, Geschichten und Geschichtchen, Sagen und Legenden.

Das Material, das sich ansammelte und für dieses Buch überreichlich vorlag, konnte im Rahmen des geplanten Buchumfanges nicht voll ausgeschöpft werden. Die Autoren wie auch der Verlag J.P. Bachem wollen daher weitere Bücher herausgeben, dann allerdings themenspezifisch orientiert: z.B. über Lindenthaler Persönlichkeiten, Gesellschaftliches und das Vereinswesen, über Straßen, Straßennamen, Plätze, Bauten und Denkmäler und über viele liebenswürdige Details.
Gewiß werden einige Leser, besonders ältere, das eine oder andere besser wissen als die Autoren, weil sie vieles, was heute versunken ist, selbst gekannt, gesehen oder erlebt haben. Von solchen Lesern erhoffen wir neue Hinweise zu erhalten, um bei den weiteren geplanten Publikationen über Lindenthal eventuelle Ungenauigkeiten beseitigen und Lücken ausfüllen zu können.

Die Lage und Abgrenzung Lindenthals

Die Lage und Abgrenzung soll einmal nicht nur naturräumlich, also geographisch, und kommunal dargestellt werden, sie ist hier – für jeden nachvollziehbar – auch einmal als Rad- oder Wandertour beschrieben.

Die geographische Lage Lindenthals ist – bezogen auf die zentral gelegene Kreuzung Dürener Straße/Lindenthalgürtel – 50° 56′ nördlicher Breite und 6° 55′ östlicher Länge von Greenwich. Diese Stelle weist eine Höhe von 50m üNN des Amsterdamer Pegels auf. Die Gesamtfläche von 7,76 km^2 teilt sich in 7,6 km^2 Land- und 0,16 km^2 Wasserfläche auf. Die größte Ausdehnung von Ost nach West mißt 4,125 km und von Nord nach Süd 3,875 km. Der höchste Punkt im Untersuchungsgebiet liegt mit 69,7 m üNN im nordwestlichen Stadtwald, der tiefste im östlichen Teil Lindenthals in einem 50 m breiten Graben zwischen dem Hauptgebäude der Universität und den Sportplätzen am Zülpicher Wall mit 47m üNN. Sowohl der höchste als auch der tiefste Punkt liegen allerdings nicht auf einer natürlichen Erhebung bzw. in einer natürlichen Senke, sondern auf einer von Menschen geschaffenen Aufschüttung bzw. in einer Aushebung.

Großräumig gehört das Gebiet, auf dem sich Lindenthal ersteckt, zur Kölner Bucht, dem südlichen Ausläufer des niederrheinischen Tieflandes. Die Kölner Bucht ist ein tektonischer Grabenbruch, dessen Oberfläche durch die Abtragungs- und Ablagerungstätigkeit des Rheins überprägt ist.

Kleinräumig betrachtet, befindet sich Lindenthal größtenteils auf einer weitflächigen Ebene der rheinischen Niederterrasse. Die Höhenlage dieser leicht zum Rhein hin abfallenden Fläche liegt zwischen 51 und 49 m üNN – sieht man vom oben erwähnten künstlichen Graben ab. Reliefunterschiede im Bereich alter, nordsüdlich verlaufender Rheinrinnen, die noch im 19. Jahrhundert als Feuchtstellen bekannt waren, treten heute nur noch schwach hervor, doch waren die Ränder an den versumpften Niederungen wie auch die Mittelterrassenstufe als bevorzugte Lagen der zur Zeit der Römer und im Mittelalter entstandenen Höfe und deren Folgesiedlungen von Bedeutung.

Im Westen erfolgt längs einer Linie zwischen den Straßenkreuzungen Gleueler/Decksteiner Straße und Militärring-/Friedrich-Schmidt-Straße ein Anstieg von etwa 8 m zur Mittelterrasse, die eine wellige bis hügelige Oberfläche aufweist. Die stärkere Reliefierung gegenüber der Niederterrasse ist – von den beiden Tälchen des Frechener und des Gleueler Baches abgesehen – anthropogenen Ursprungs. Sie entstand im Zuge der Umwandlung des äußeren Festungsrayons in einen Grüngürtel während der Jahre 1926 bis 1934: Die Aushubmassen des Decksteiner, des Stadtwald- und des Adenauer-Weihers wurden zu Hügeln aufgeschüttet. Die Mittelterrasse war bis dahin – wie im äußersten Westen Lindenthals und außerhalb des Stadtteils noch heute erkennbar – flachwellig. Das dort sanfte Relief findet eine Erklärung in den Lößanwehungen auf den eiszeitlichen Ablagerungen (Kies- und Sandschichtungen). Die Bodentypen Braunerde und Parabraunerde, die sich auf dem Löß entwickelten, besitzen höchste Bonität und führten schon in der Jungsteinzeit im Lindenthaler Bereich zu einer ackerbaulichen Nutzung der Böden.

Bei dem Versuch, eine präzise kommunale Abgrenzung vorzunehmen, stößt man auf eine Fülle von Schwierigkeiten. Im Zuge der kommunalen Neuordnung des Kölner Raumes vom 1. 1. 1975 ist der Vorort Lindenthal zum Stadtbezirk 3, der auch den Namen LINDENTHAL trägt und in dem Klettenberg, Sülz, Lindenthal, Braunsfeld, Müngersdorf, Junkersdorf, Horbell, Marsdorf, Weiden, Lövenich und Widdersdorf zusammengefaßt sind, erweitert worden. Dadurch sind verwal-

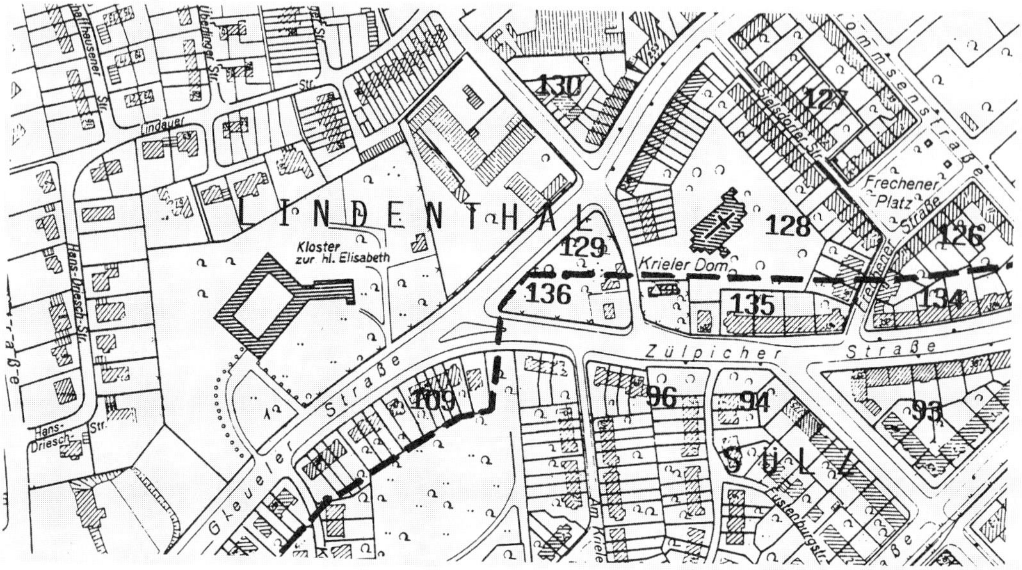

Abb. 1 Verlauf der Stadtteilgrenze zwischen Lindenthal und Sülz, eingezeichnet auf einen verkleinerten Ausschnitt aus dem Blatt 85 der Karte Köln-Lind.

tungsmäßig die Ortsgrenzen innerhalb des Bezirks verlorengegangen.

In der Stadtverwaltung, insbesondere im Stadtplanungs- und Wahlamt, ist Lindenthal zweigeteilt. Man spricht dort von den Funktionsräumen »Sülz/Klettenberg mit den Stadtteilen Sülz, Klettenberg, südlicher Abschnitt von Lindenthal« und in »Lindenthal ohne südlichen Abschnitt«. Die Funktionsräume sind, was Lindenthal betrifft, mit den Wahlbezirken 16/17 und 18 identisch. Der Möglichkeit, diesen südlichen Abschnitt zwischen der Kerpener und der Zülpicher Straße mit dem größeren Teil Lindenthals zusammenzufassen, stehen teilweise auch die Katasterplankarten entgegen. Auf ihnen sind die Grenzen so dargestellt, daß sie nicht an den Straßenrändern verlaufen, sondern hinter den an der Straße stehenden Gebäuden, wie es der hier eingefügte verkleinerte Ausschnitt aus dem Blatt 85, Köln-Lind, darstellt.

Die unterschiedliche Herkunft Lindenthals, teils aus der Gemeinde Kriel, teils aus der Gemeinde Müngersdorf, zeigt sich noch heute darin, daß es im Katasterwesen keine Gemarkung Lindenthal gibt, vielmehr nur die Gemarkungen Kriel und Müngersdorf. Es gibt allerdings auch keine Gemarkung Braunsfeld, Sülz oder Klettenberg. Der größte Teil Lindenthals gehört zur Gemarkung Kriel, ein kleinerer Teil, und zwar der östliche und nordöstliche, gehört zur Gemarkung Müngersdorf.

Auch die amtlichen Stadtkarten von Köln vermitteln keine klare Auskunft über den Grenzverlauf. Um aber trotz dieser Schwierigkeiten zu einer genauen Abgrenzung Lindenthals zu gelangen, beziehen wir uns auf Aktenvermerke der Bürgermeistereien Efferen, Müngersdorf und Rondorf zu den Eingemeindungsverhandlungen nach Köln von 1888, auf das Denkmäler-Verzeichnis des Landeskonservators, in welchem die geraden Hausnummern der Zülpicher Straße Lindenthal zugeordnet sind, und auf die Aussagen der Anwohner, die an der Nordseite der Zülpicher Straße wohnen und sich ausnahmslos

für Lindenthaler und nicht für Sülzer Bürger halten.
Die von uns ermittelte Abgrenzung ist sowohl aus der diesem Buch beigefügten Karte als auch aus der folgenden Beschreibung der Rad- bzw. Wanderroute zu ersehen.
Ein erster Blick auf den Kölner Stadtplan zeigt, daß Lindenthal dem linksrheinischen Vorortgürtel angehört, der sich ringförmig um die Kölner Innenstadt legt. Deutlich ist dieser Vorortbereich zur Innenstadt hin durch den inneren Grüngürtel im Verlauf der Inneren Kanalstraße und – daran stadtwärts anschließend – durch eine Eisenbahnlinie, die zum Teil auf der ersten preußischen Stadtumwallung verläuft, begrenzt. Nahezu radial angelegte Ausfallstraßen schneiden den Vorortgürtel in Sektoren. Solch einen Sektor – den südwestlichen zwischen der Aachener und der Zülpicher Straße mit der Verlängerung Gleueler Straße – nimmt Lindenthal ein. Im Westen endet der besiedelte Teil des Vorortes an der Militärringstraße; daran schließt sich der etwa ein Kilometer breite äußere Grüngürtel an, dessen Übergang zur offenen, landwirtschaftlich genutzten Fläche die Westgrenze Lindenthals bildet.
Als Ausgangspunkt für die Route entlang der Grenzen Lindenthals wählen wir die Sportplätze des S.V. Agrippina-Germania Köln und der Universität an der Ecke Bachemer Straße/Zülpicher Wall und begeben uns auf der rechten Straßenseite zur Zülpicher Straße. Die zwischen dem Zülpicher Wall und dem Eisenbahndamm gelegenen, während des letzten Krieges stark beschädigten Häuser gehören noch zur Kölner Innenstadt. Nach dem Passieren der Universitätssport-

Abb. 2 Zülpicher Straße/Ecke Robert-Koch-Straße

halle und eines Energiegebäudes biegen wir rechts in die Zülpicher Straße ein und sehen den modernen, großen, bunten Mensakomplex, dessen Wände von zahllosen Plakaten beklebt und mit mehr oder weniger kunstvollen Graffiti bemalt und beschrieben sind. Wochentags herrscht hier ein Treiben, das dem eines arabischen Marktes kaum nachsteht: Secondhand-Kleidung, politische und gebrauchte Studienliteratur, Modeschmuck und kaum noch fahrbereite Autos werden vor dem Gebäude den zum Essen eilenden Studenten angeboten und Flugblätter für und wider alles ausgeteilt.
Vorbei an einer schattigen Allee mit alten, hochgewachsenen Platanen schauen wir über terrassenförmig abgesenkte Grünflächen auf die Rückseite des »neuen« Hauptgebäudes der Universität.
An der Meister-Ekkehart-Straße überqueren wir die hier beginnende Kerpener Straße, um den Straßenbahnschienen auf der Zülpicher Straße zu folgen.
Gleich einer sturmumbrausten Insel im Meer erscheint einem der winzige Park im Dreieck der verkehrsdurchströmten Universitäts-, Kerpener und Zülpicher Straße.
Nach dem Überqueren der Universitätsstraße gelangen wir in die enge, geräuschvolle Häuserschlucht der an Geschäften reichen Zülpicher Straße. Drei- bis fünfgeschossig sind die teilweise noch mit Stuckfassaden versehenen Bauten aus den Jahren 1905 bis 1910.

Im Gegensatz zur Sülzer Straßenseite, wo sich die Häuserzeile im gleichen Stil zum Gürtel fortsetzt, beginnt auf Lindenthaler Seite ab der Sülzburgstraße ein neuer Bauabschnitt: hinter kleinen Vorgärten zurückgesetzt stehen zwei- und dreigeschossige, hauptsächlich um 1924 errichtete Wohngebäude.

Abb. 3 Zülpicher Straße, zwischen Sülzburg- und Heimbacher Straße

Uneinheitlich erscheint die Bebauung zwischen dem Lindenthalgürtel und der Mommsenstraße. Ein- bis zweigeschossig, mit und ohne Vorgarten, in Reihe und auch einzeln stehende Wohn- und Geschäftshäuser bilden einen starken Kontrast zu den mächtigen Wohnblöcken auf der gegenüberliegenden Sülzer Seite.
Zwei größere Wohnblöcke aus dem Jahre 1930 erstrecken sich von der Mommsen- bis zur Frechener Straße und von dort bis zu dem einzeln stehenden, zweigeschossigen, um 1924 von dem Architekten Franz Seuffert errichteten Haus, das an den Kirchhof des Krieler Dömchens grenzt.
Gegenüber dem Krieler Dömchen erblicken wir inmitten eines kleinen Nutzgartens ein »Schmuckkästchen«; es ist die 160 Jahre alte frühere Krieler Zwergschule, die ein Privatmann stark verfallen aufkaufte, sorgfältig restaurierte und jetzt als Wohnhaus nutzt. Dahinter erhebt sich ein moderner Komplex, die Katholische Fachschule für Sozial-, Sonder- und Heilpädagogik mit einem angeschlossenen Schülerinnenwohnheim. An dieser Stelle mündet die Zülpicher in die Gleueler Straße. Auf der linken Straßenseite überwinden wir, Ein- und Zweifamilienhäuser aus den 30er Jahren passierend, den Anstieg zur Mittelterrasse, die wir an der Bus-Endhaltestelle gegenüber der Decksteiner Mühle erreicht haben.
Mit der Überquerung der Militärringstraße gelangen wir in den äußeren Grüngürtel, überschreiten den die beiden Decksteiner Weiher verbindenden Kanal auf einer Brücke, folgen der scharfen Rechts- und dann der Linkskurve, um schließlich kurz vor der Autobahnüberführung rechts in den Efferer Pfad einzubiegen, der genau an der

Abb. 4 Decksteiner Mühle (1973)

Grenze des Stadtwaldes zu den freien Ackerflächen nach Norden führt. Ab der Bachemer Landstraße wird dieser Pfad Stüttgenweg genannt. Wir nähern uns einem Heiligenhäuschen aus dem 19. Jahrhundert und dem von einem Wassergraben umgebenen Stüttgen-Hof. Hinter dem Stüttgen-Hof liegt der flache Ausstellungspavillon der Rheinischen Braunkohlenwerke und ihm gegenüber der umfangreiche Verwaltungskomplex.
Rechts neben der Etzel-Kaserne an der Dürener Straße windet sich ein enger Pfad am Zaun entlang durch den Stadtwald und führt zum Guts-Muths-Weg, der zwischen dem Adenauer-Weiher und der Jahnwiese an der Junkersdorfer Straße endet.
Bei leichtem Gefälle lassen wir uns auf dem Fahrrad entlang dem Stadtwald über die Junkersdorfer Straße und – nach Überquerung des Militärringes – die Friedrich-Schmidt-Straße, vorbei am Mahnmal für den von Terroristen ermordeten Hanns Martin Schleyer und seine Begleiter, genau zweitausend Meter weit bis zum Hültzplatz treiben. Innerhalb des Verteilerkreises am Hültzplatz, in den die Friedrich-Schmidt-Straße, die Fürst-Pückler-Straße und die Hültzstraße sternförmig zusammenlaufen, befinden sich als einzigartiges Naturdenkmal zwölf etwa 10 m hohe Trompetenbäume. Durch eine Platanenallee (Hültzstraße) nähern wir uns der Kreuzung Aachener Straße und Stadtwaldgürtel. Auf der diagonal gegenüberliegenden Seite nehmen wir unseren Weg um Lindenthal am Café Berg wieder auf. Vorbei an einem gemischten Wohn- und Gewerbegebiet am Melatengürtel gelangen wir an die Mauer des Friedhofs Melaten.
Diese Mauer versperrt uns den Weg entlang der Grenze zu Ehrenfeld. Über die Fröbel- und die Weinsbergstraße gelangen wir an der Mechternstraße wieder an die Nordostmauer des Friedhofs Melaten und damit zurück zur Lindenthaler Grenze. Vor den Gebäuden des Verfassungsschutzes biegen wir rechts in die Piusstraße ein, um dann über die Woensamstraße am Finanzamt West vorbei die Innere Kanalstraße zu erreichen. Wenn sich auch der Grenzverlauf auf dem Grünstreifen der Inneren Kanalstraße befindet, so halten wir uns doch am rechten Straßenrand, überqueren die Aachener Straße zur Universitätsstraße, kommen am Italienischen Kulturinstitut und dem Italienischen Generalkonsulat mit der davorstehenden römischen Säule (einem Geschenk der Stadt Rom an unsere Stadt) vorbei, kreuzen die Dürener Straße und gelangen schließlich an die am Hildegardis-Krankenhaus verbreiterte und mit einer schmucken Parkanlage verschönerte Bachemer Straße. Hier schwenkt die Stadtteilgrenze nach Osten über einen in etwa 50 m Entfernung zur Fahrbahn der Bachemer Straße parallel verlaufenden Spazierweg. Am Bahndamm in Höhe des Zülpicher Walles haben wir unseren Ausgangspunkt nach 12,8 km wieder erreicht.

Vom neolithischen Altsiedelland bis zur Gründung Lindenthals

Das linienbandkeramische Dorf

Wo läßt man eigentlich die Aufzeichnung historischer Ereignisse beginnen, will man über die Entwicklung Lindenthals berichten? – Mit dem Jahr der Gründung, also 1846?
Mit der Legende aus dem frühen 9. Jahrhundert, die sich um das Krieler Kirchlein und Hildebold, den Bischof und Erbauer des ersten Kölner Doms, rankt?
Mit der Umlanderschließung durch die Römer des nahen Kölns?
Gewiß könnte man sich damit begnügen, das Werden und den Wandel unseres Stadtteils in den 140 Jahren seines Bestehens aufzuzeigen, doch, und das offenbarte das Studium der Archivunterlagen, war Lindenthal nicht unvermittelt auf der Bildfläche des Kölner Stadtgeschehens erschienen. Wirtschaftliche, soziologische, sozialstrukturelle und städtebauliche Entwicklungen führten – man möchte schon sagen: zwangsläufig – zur Gründung Lindenthals.
Wird aber nach dem Beginn der Besiedlung in unserem Gebiet geforscht, so gleitet man die Zeitleiter immer tiefer hinab, bis schließlich 7000 Jahre vergangen sind. Altsteinzeitliche Funde zeugen zwar von der Anwesenheit des Menschen im ganzen Kölner Raum vor 100 000 Jahren, doch kannten die dem Wild nachziehenden und Pflanzen sammelnden Menschen noch keine festen Wohnorte, so daß hier wohl kaum von einer Besiedlung gesprochen werden kann. Erst in der Mitte des fünften vorchristlichen Jahrtausends vollzog sich der Übergang von der aneignenden zur produzierenden Wirtschaftsweise: Aus nomadisierenden Jägern und Sammlern wurden allmählich seßhafte, Dorfgemeinschaften bildende Bauern.
Die Menschen der Jungsteinzeit rodeten die Wälder der hochwassersicheren, mit fruchtbarem Lößboden bedeckten Mittelterrasse des Rheins im Westen Kölns, legten Felder an, auf denen sie Gerste, Flachs und Weizenarten wie Emmer und Einkorn anbauten, und Weideflächen für Ziegen und Schafe – später auch für Rinder und Schweine – und errichteten feste Häuser.
Bedeutsam, wenn nicht gar wesentliche Voraussetzung für diese neue Wirtschaftsweise waren die Erfindungen der Keramikherstel-

Abb. 5 Haus der Linienbandkeramiker (Versuch einer Rekonstruktion)

Abb. 6 Bandkeramische Kümpfe

lung und der Technik des Steinschliffs. Pflanzliche Nahrungsmittel konnten oft erst durch Kochen genießbar gemacht werden, und zum Überbrücken der vegetationslosen Zeit mußten Vorräte angelegt werden; zu beidem benötigte man feste Gefäße. Zum Fällen der Bäume, die nach der Brandrodung noch stehengeblieben waren, zum Bearbeiten der Felder und nicht zuletzt auch als Waffen waren Steingeräte mit angeschliffenen Schneiden notwendig.

Nach dem Brauch, die gebrannten Tongefäße mit Bändern aus geritzten oder eingestochenen Linien in Winkel-, Spiral- oder Mäanderform zu verzieren, hat die linienbandkeramische Kultur ihren Namen erhalten. Im Kölner Stadtgebiet sind fünf Siedlungen dieser Kulturstufe bekannt. Sie liegen sämtlich im Westen der Stadt: in Bocklemünd-Mengenich, bei Vogelsang, in Müngersdorf und zwei in Lindenthal, am Decksteiner Weiher sowie nördlich davon zwischen der Dürener Straße, dem Stüttgenweg und dem Frechener Bach.

Die bedeutendste dieser fünf Siedlungsstellen ist die letztgenannte. Sie wurde 1929 entdeckt, als die Stadt Köln unter dem damaligen Oberbürgermeister Konrad Adenauer den südwestlichen Teil des Festungsgürtels in einen Grüngürtel umwandeln ließ.

Das Lindenthaler linienbandkeramische Dorf umfaßte in zwei etwa runden aneinanderliegenden Teilen nahezu 11 000 Quadratmeter (1,1 ha). Es war – zumindest in einer Spätphase – durch einen Wall mit aufgesetzter Palisadenwand und einem Graben befestigt. Insgesamt erkannte das Grabungsteam 52 vollständige Hausgrundrisse und 45 weitere in Teilen. Die nahezu 100 Häuser standen jedoch nicht gleichzeitig. Anhand des Inhalts der Abfallgruben neben den Häusern ermittelten die Altertumsforscher, daß ein bandkeramisches Dorf jeweils zwischen neun und elf Bauten umfaßt haben muß. Demnach wäre das Lindenthaler Dorf im Laufe der Zeit sieben- bis elfmal verlassen oder zerstört und wieder aufgebaut worden. Gibt es auch keine aus der Jungsteinzeit stammenden Abbildungen der bandkeramischen Häuser, so ist es doch möglich gewesen, aus den gefundenen, mit Abdrücken von Flechtwerk versehenen Hüttenlehmbrocken und aus der Anordnung der im Grundriß erkennbaren Pfostenlöcher eine Gebäudekonstruktion anzufertigen (Abb. 5). Die Häuser waren langrechteckig mit etwa 10 bis

Abb. 7 Linienbandkeramische Scherben

35 Meter Länge und 5 bis 7 Meter Breite, die Grundrisse wiesen stets eine Nordwest-Südost-Ausrichtung auf, d. h. eine Schmalseite zeigte in die bei uns vorherrschende Windrichtung. Diese Seite war auch stabiler gebaut als die im Südosten und oft sogar mit einem Fundament versehen. Die Hauswände bestanden aus Fachwerk. Tragende Elemente waren senkrecht in den Boden eingegraben, mit horizontalen Spannbalken versteift und mit Rutenwerk verflochten. Den Lehmverputz an den Wänden hatten die damaligen Bewohner mit weißen und rötlichen Farben bemalt. Das recht steile und weit heruntergezogene Dach war mit Stroh, Ried oder Baumrinde gedeckt. Die Größe der Häuser und die Querreihen der Pfosten, mit denen die Gebäude in mehrere Räume

untergliedert waren, lassen den Schluß zu, daß ein Haus nicht allein Wohnfunktion besaß, sondern auch als Stallung und Vorratsspeicher diente.
Etwa um 3500 v. Chr. erlosch im Lindenthaler Gebiet die bandkeramische Kultur – rund 300 Jahre später als im übrigen Mitteleuropa.

Im Einflußbereich des aufstrebenden Köln

Unter den Römern wurde Köln ein Siedlungszentrum. Die Colonia Claudia Ara Agrippinensium lag mit ihrer Größe von einem Quadratkilometer auf der Niederterrasse am Rhein fernab der vorgeschichtlichen ländlichen Hauptsiedlungen auf der Mittelterrasse. Die Stadtgrenze der römischen Kolonie auf der hochwassersicheren Erhebung war während der Römerzeit so streng festgelegt, daß keine Stadterweiterung möglich war und schon bald Leute, die in der Stadt kein Bauland mehr fanden, vor die Tore Kölns zogen. Dort ließen die Reichen große Gutshöfe nach römischem Vorbild errichten. Ein solcher Gutshof ist nordwestlich von Lindenthal im Bereich des heutigen Stadions gefunden worden.

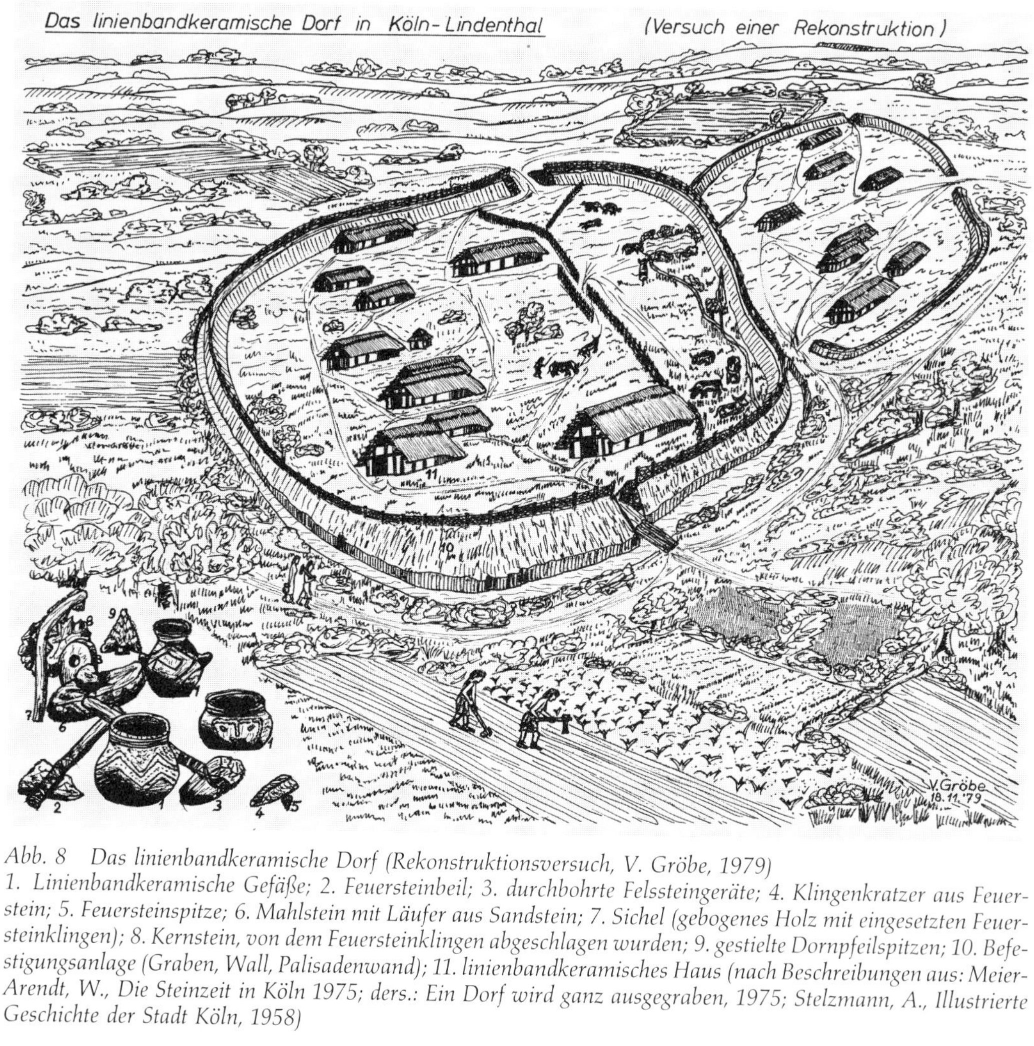

Abb. 8 Das linienbandkeramische Dorf (Rekonstruktionsversuch, V. Gröbe, 1979)
1. Linienbandkeramische Gefäße; 2. Feuersteinbeil; 3. durchbohrte Felssteingeräte; 4. Klingenkratzer aus Feuerstein; 5. Feuersteinspitze; 6. Mahlstein mit Läufer aus Sandstein; 7. Sichel (gebogenes Holz mit eingesetzten Feuersteinklingen); 8. Kernstein, von dem Feuersteinklingen abgeschlagen wurden; 9. gestielte Dornpfeilspitzen; 10. Befestigungsanlage (Graben, Wall, Palisadenwand); 11. linienbandkeramisches Haus (nach Beschreibungen aus: Meier-Arendt, W., Die Steinzeit in Köln 1975; ders.: Ein Dorf wird ganz ausgegraben, 1975; Stelzmann, A., Illustrierte Geschichte der Stadt Köln, 1958)

Während der 500jährigen römischen Herrschaft wurden auf Lindenthaler Gebiet neben der die Stadt versorgenden Landwirtschaft (Getreide- und Gemüseanbau sowie Viehhaltung) auch Ziegeleien und Töpfereien betrieben, die die vereinzelten Lehm- und Tonvorkommen nutzten.
An die Römer am Stadion erinnert heute noch ein an der Nordwestecke des Adenauer-Weihers aufgestellter römischer Sarkophag.
Die Römer haben aber auch auf eigentlich Lindenthaler Gebiet Spuren hinterlassen, die man heute noch sehen kann. Zum Beispiel sind im Garten des Hauses Max-Bruch-Straße 6 im Jahre 1930, als der damalige Kölner Oberbürgermeister Konrad Adenauer dort wohnte, zwei schöne Bronzekannen und eine Stilpfanne gefunden worden, die heute noch das Entzücken der Betrachter im Römisch-Germanischen Museum hervorrufen. An der Robert-Koch-Straße wurde 1884 ein Sarkophag gefunden, der dort in einer Grünanlage aufgestellt ist. Noch gegen Ende der sechziger Jahre wurden auf dem Gelände zwischen Hildegardis-Krankenhaus und Classen-Kappelmann-Straße römische Sarkophage ausgegraben.
Über Ereignisse aus dem frühen Mittelalter liegen keine historischen Dokumente und nur wenige Funde vor, doch bringen uns mitunter Legenden, in die stets ein Stück geschichtlicher Wirklichkeit eingewebt ist, Geschehnisse jener Zeit in recht lebendiger Weise nahe. Solch eine Erzählung weist im Zusammenhang mit Karl dem Großen und Hildebold, dem ersten Erzbischof von Köln,

Abb. 9 Römischer Sarkophag (1884 an der heutigen Robert-Koch-Straße gefunden)

auf das Krieler Dömchen hin, das im ausgehenden 8. Jahrhundert gewiß nur eine kleine Holzkirche inmitten eines Weilers war. Trotz aller Verbundenheit zu Lindenthal soll aber nicht unerwähnt bleiben, daß

Abb. 10 und Abb. 11 Griffschale und Kanne mit Kleeblattmündung aus dem Garten des Hauses Max-Bruch-Straße 6

auch andere Orte im westlichen Köln für sich in Anspruch nehmen, Schauplatz der folgenden Legende zu sein.

Karl der Große unterzog sich wegen seines Gichtleidens einer Trinkkur in Aachen. An den Heilquellen erfuhr der Kaiser, daß der Kölner Bischof Rikolph gestorben und zwischen der Geistlichkeit und der Bürgerschaft der Stadt ein heftiger Streit über den Nachfolger entbrannt sei.

Mit kleinem Gefolge machte sich Karl auf und ritt – ohne die Kölner vorher über sein Kommen zu benachrichtigen – durch die sich damals zwischen Maas und Rhein erstreckenden weiten Wälder nach Köln, um den Zwist beizulegen.

In den frühen Stunden des dritten Marschtages gelangte die Gruppe über das Vorgebirge und sah in der ausgedehnten Rheinebene Köln liegen. Nahe vor der Stadt vernahm Karl das Läuten einer Glocke. Um sich noch ein wenig vor dem Einritt in die Stadt zu sammeln und Gott für sein Unterfangen um Beistand zu bitten, drängte es ihn, einer Messe beizuwohnen. Andächtig nahm Karl am heiligen Meßopfer teil.

Nach der Feier wollte er – beeindruckt von der Redeweise, der Gewandtheit und auch von der äußeren Erscheinung des Leutpriesters – ein Goldstück auf den Altar legen. Das aber lehnte der Geistliche, der Karl in dessen einfacher Jagdkleidung nicht erkannte, ab: »Solche großen Gaben werden hier nicht geopfert. Wie ich aber sehe, seid Ihr Jäger, und wenn Ihr etwas geben wollt, dann sei es die Haut eines erlegten Tieres, mit der ich das alte Meßbuch neu überziehen kann.«

Verlegen lächelte der Kaiser, nahm die Münze zurück und versprach, den Wunsch zu erfüllen. Er unterhielt sich noch eine Weile mit dem Priester über die Dinge der Welt und war über die Klugheit des Predigers und dessen offenes und ehrliches Wesen sehr erstaunt.

Die Gedanken an diesen Mann ließen ihn auch dann noch nicht los, als er in die Stadt Köln einritt.

Der Konflikt zwischen Klerus und Volk war keineswegs beigelegt, und überrascht, daß der Kaiser so plötzlich gekommen war, riefen die Kölner ihren Rat zusammen und erörterten gemeinsam mit Karl dem Großen das Problem der Bischofswahl. Aber auch jetzt zeigte keine der streitenden Parteien den Willen, endlich einzulenken.

In wacher Erinnerung an den Gottesmann, der das Goldstück ablehnte, brach Karl die Debatten ab und sagte in ruhigem Ton, aber doch bestimmt: »Ereifert Euch nicht weiter! Niemand unter Euch ist des hohen Amtes würdig. Ich habe bereits einen Bischof für Köln gefunden.«

Verblüfft hielten alle einen Augenblick inne. Als sie jedoch erfuhren, ein Leutpriester aus dem Wald im Westen der Stadt solle auf den Bischofsstuhl, empörten sie sich lautstark. Karl beschwichtigte sie auch dieses Mal, redete ihnen gut zu und lobte den von ihm vorgeschlagenen Pfarrer dermaßen, daß die Kölner doch den Vorschlag annahmen, Hildebold aus seinem Krieler Kirchlein holten und ihn zum Bischof wählten.

Für die Stadt Köln, so stellte sich bald heraus, hätte die Wahl im Jahre 787 gar nicht trefflicher ausfallen können: In wichtigen Aufgaben zeigte Hildebold stets klaren Verstand, Gerechtigkeit und Güte, so daß er Karls des Großen Beichtvater, Freund und Kanzler wurde. 799 erhob man Hildebold zum ersten Erzbischof von Köln und damit die Stadt zum Erzbistum. Vom Kaiser bekam er die Kölner Pfalz und viele Reichtümer geschenkt, was ihm ermöglichte, für Köln endlich den ersten Dom bauen zu lassen. 818 starb Hildebold, ohne die Vollendung seines Domes (870) zu erleben. Weil aber zu jedem Bischof eine Bischofskirche – ein Dom – gehört, erkor der Volksmund die kleine Krieler Kirche des jungen Hildebold zu dessen Dom, eben dem »Krieler Dömchen«.

Aus dem 13. und 14. Jahrhundert stammen die ersten urkundlichen Erwähnungen Kriels, aus denen Eigentums- und Nutzungsverhältnisse der Ländereien hervorgehen:

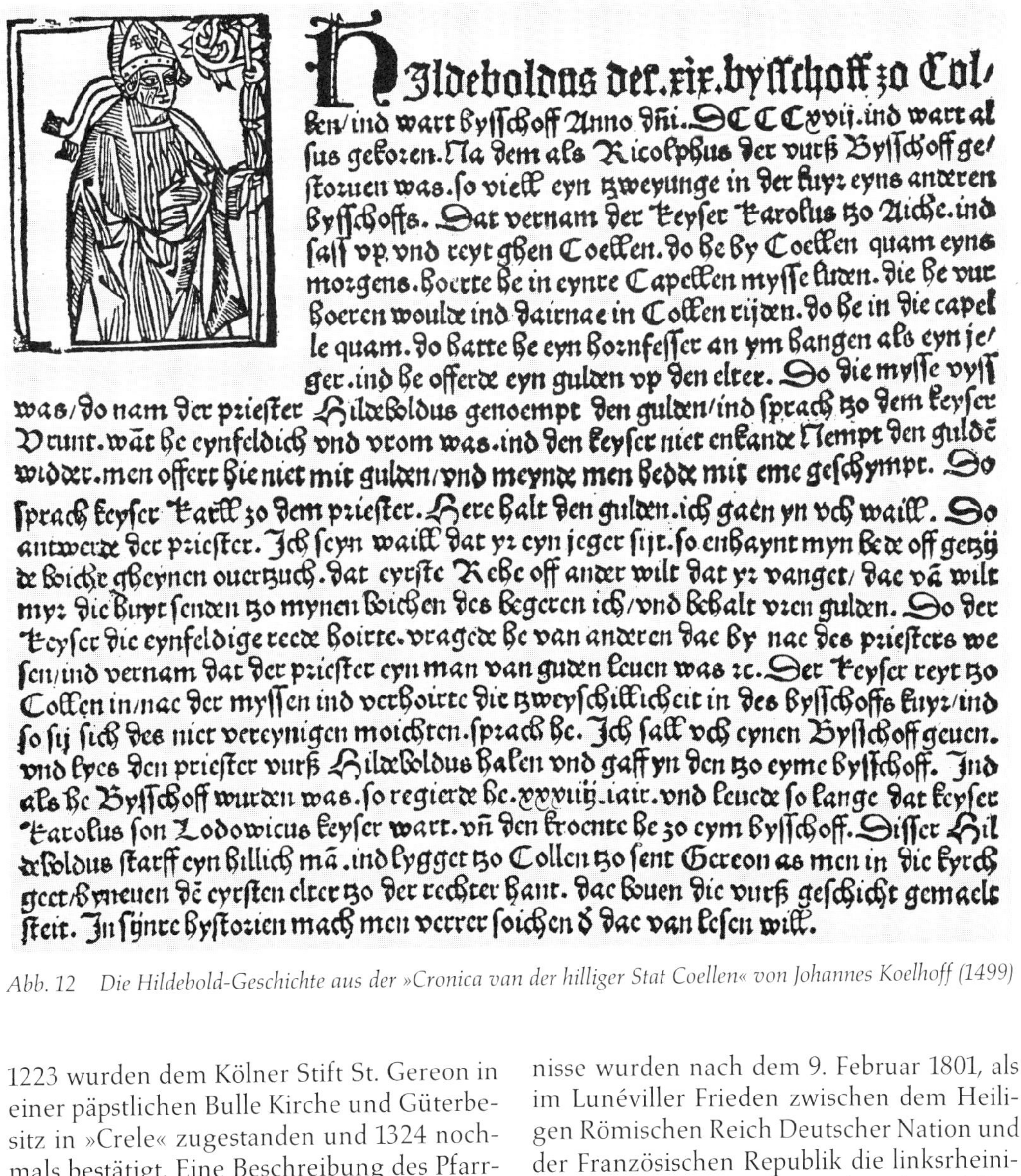

Hildeboldus der .xix. bysschoff zo Col-
len/ind wart byschoff Anno dñi. DCCCxvij. ind wart al-
sus gekoren. Na dem als Ricolphus der vurß Byschoff ge-
storuen was. so viell eyn zweyunge in der kuyr eyns anderen
byschoffs. Dat vernam der keyser karolus zo Aiche. ind
sass vp. vnd reyt ghen Coellen. do he by Coellen quam eyns
morgens. hoerte he in eynre Capellen mysse lude. die he vur
hoeren woulde ind dairnae in Collen rijden. do he in die capel-
le quam. do hatte he eyn hornfesser an ym hangen als eyn je-
ger. ind he offerde eyn gulden vp den elter. So die mysse vyss
was/do nam der priester Hildeboldus genoempt den gulden/ind sprach zo dem keyser
Vrunt. wãt he eynfeldich vnd vrom was. ind den keyser niet enkande Nempt den guldẽ
widder. men offert hie niet mit gulden/vnd meynde men hedde mit eme geschympt. So
sprach keyser karll zo dem priester. Here halt den gulden. ich gaen yn vch waill. So
antwerde der priester. Ich seyn waill dat yr eyn jeger sijt. so enhaynt myn bede off gezỹ-
de boicher gheynen ouertzuch. dat eyrste Rehe off ander wilt dat yr vanget/ dae vã wilt
myr die huyt senden zo mynen boichen des begeren ich/vnd behalt vren gulden. So der
keyser die eynfeldige rede hoirte. vragede he van anderen dae by nae des priesters we-
sen/ind vernam dat der priester eyn man van guden leuen was ꝛc. Der keyser reyt zo
Collen in/nae der myssen ind verhoirte die zweyschillicheit in des byschoffs kuyr/ind
so sij sich des niet vereynigen moichten. sprach he. Ich sall vch eynen Byschoff geuen.
vnd lyes den priester vurß Hildeboldus halen vnd gaff yn den zo eyme byschoff. Ind
als he Byschoff wurden was. so regierde he. xxviij. iair. vnd leuede so lange dat keyser
karolus son Lodowicus keyser wart. vñ den kroente he zo eym byschoff. Disser Hil-
deboldus starff eyn hillich mã. ind lygget zo Collen zo sent Gereon as men in die kyrch
geet/bynneuen dẽ eyrsten elter zo der rechter hant. dae bouen die vurß geschicht gemaelt
steit. In synre hystorien mach men verrer soichen ď dae van lesen will.

Abb. 12 Die Hildebold-Geschichte aus der »Cronica van der hilliger Stat Coellen« von Johannes Koelhoff (1499)

1223 wurden dem Kölner Stift St. Gereon in einer päpstlichen Bulle Kirche und Güterbesitz in »Crele« zugestanden und 1324 nochmals bestätigt. Eine Beschreibung des Pfarrbezirks nennt außer dem Dorf Kriel, das sich um die Kirche und den Krieler Hof entwikkelte, das Örtchen Lind, den Decksteiner, Palanter und Stüttger Hof, zwei Mühlen und weitere kleinere Höfe.

Bis zur Säkularisation im Jahre 1802 waren die Ländereien im Besitz geistlicher Korporationen. Unter den Franzosen fielen die Güter an die staatliche Domänenverwaltung. Aber nicht allein die kirchlichen Besitzverhältnisse wurden nach dem 9. Februar 1801, als im Lunéviller Frieden zwischen dem Heiligen Römischen Reich Deutscher Nation und der Französischen Republik die linksrheinischen Territorien an Frankreich gefallen waren, umgeschichtet, es wurden auch kommunale Neuabgrenzungen vorgenommen: Bei der Aufteilung des Kantons Weiden in sieben Mairien schlugen die Franzosen die Gemeinde Kriel der Mairie Efferen zu. Hof, Kirche und Leprosenheim Melaten kamen zur Mairie Müngersdorf und erfuhren bald eine Umwidmung, weil die Toten nicht mehr innerhalb der Stadt Köln um die Kirchen

Abb. 13 Das Krieler Dömchen um 1935

Abb. 14 Köln und seine Umgebung im 17. Jahrhundert (nach dem Schweid-Plan)

herum beerdigt werden durften. Zur Anlage des ersten großen Zentralfriedhofs von Köln wählte man das Gelände des mittlerweile verfallenen Leprosenheims. Das noch erhaltene alte Kirchlein wurde zur Friedhofskapelle umgebaut, und die Gebäude des Melatener Hofs zur Wohnstätte für den Friedhofsverwalter und die Friedhofsgeistlichkeit. Die nicht vom Friedhof beanspruchten Freiflächen des ehemaligen Hofs wurden von Gärtnereien, Grabsteinhauereien und Schenkwirtschaften eingenommen.
Am 22. April 1816 – der Wiener Kongreß hatte Preußen die Rheinlande zugesprochen – zog die preußische Verwaltung neue Grenzen. Kriel gehörte zwar weiterhin zur Bürgermeisterei Efferen, verlor zum einen den Stüttgenhof an Frechen und zum anderen Klettenberg, Komar sowie Weißhaus an Rondorf.
Die Einbeziehung Kölns und der Rheinlande in den preußischen Staat bewirkte eine entscheidende Aufwertung der wirtschaftsgeographischen Lage der Stadt und ihres Umlandes. Der seit dem 16. Jahrhundert stetig verlaufene Niedergang Kölns als Folge seiner selbstgewählten Isolation gegenüber den die Stadt umgebenden Fürstenstaaten wurde nun mit dem Eintritt in einen größeren wirtschaftlichen Zusammenhang in einen enormen Aufstieg umgekehrt. Besonders der Ausbau eines internationalen Eisenbahnnetzes, dessen wichtigster westdeutscher Knotenpunkt Köln bereits in der ersten Hälfte des 19. Jahrhunderts werden konnte, führte die Stadt zu raschem Wachstum und zu Investitionen, die sich bald auch auf das westliche Umland auswirkten und schließlich zur Gründung Lindenthals führten.

Die Gründung Lindenthals

Die mittelalterliche, fast 700 Jahre alte Stadtmauer und die rayongesetzlichen Bestimmungen – Köln war seit der Eingliederung des Rheinlandes in das Königreich Preußen im Jahre 1815 Festung geworden – kamen einer Fessel gleich, die die räumliche Entwicklung der Stadt zu erdrücken drohte. Infolge der Verknappung bebaubarer Gelände stiegen die Grundstückspreise so erheblich, daß billige Wohnungen nicht mehr errichtet werden und expandierende Industriebetriebe keine flächenhaften Erweiterungen vornehmen konnten. Ein Standortwechsel vor allem der viel Raum beanspruchenden Großunternehmen der metallverarbeitenden und chemischen Industrie wurde unvermeidlich. Unter dem Eindruck des Bevölkerungswachstums wollte man auch dem Bodenmonopol der Innenstadt entgegenwirken und minderbemittelten Bürgern außerhalb der Ringmauer zur Wohnung oder gar zum Haus verhelfen. Unter solchen Umständen entwickelten sich Vororte wie Ehrenfeld, Nippes, Braunsfeld, Bayenthal, Kalk rasch zu größeren Orten. Aber nicht nur die Umsiedlung von Industrieunternehmen und die Errichtung von Arbeiterwohnsiedlungen führten zu »Stadt-

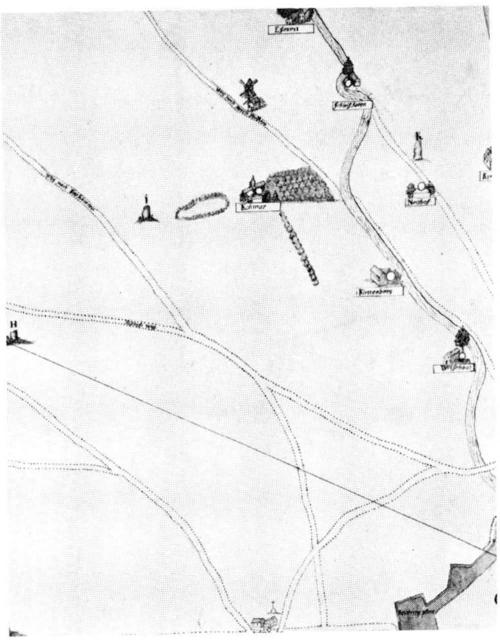

Abb. 15 Karte der an die Bürgermeisterei Rondorf abgetretenen Gebiete Komar und Weißhaus

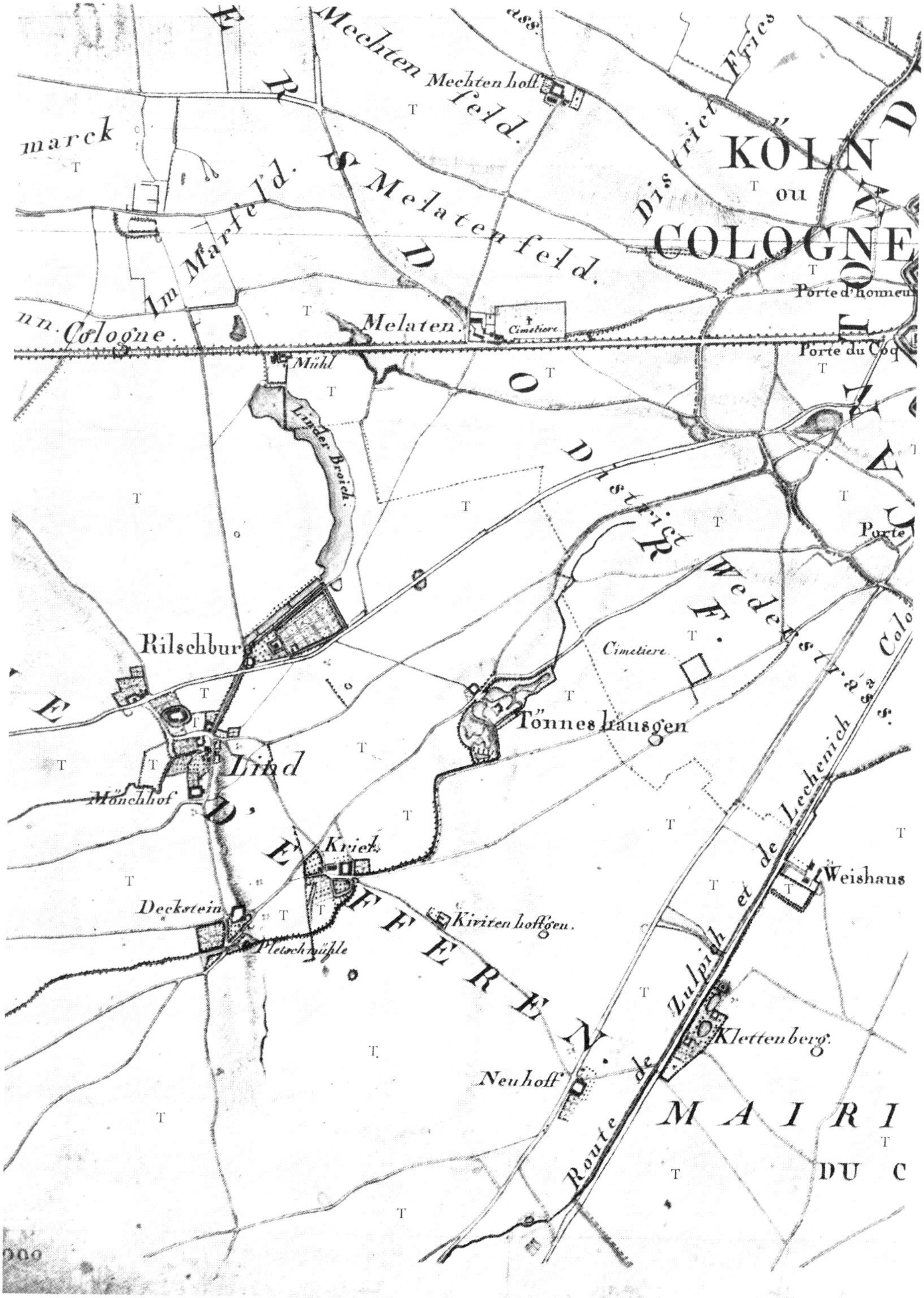

Abb. 16 Das Lindenthaler Gebiet auf der Tranchot-Karte 72, Köln, von 1803–20

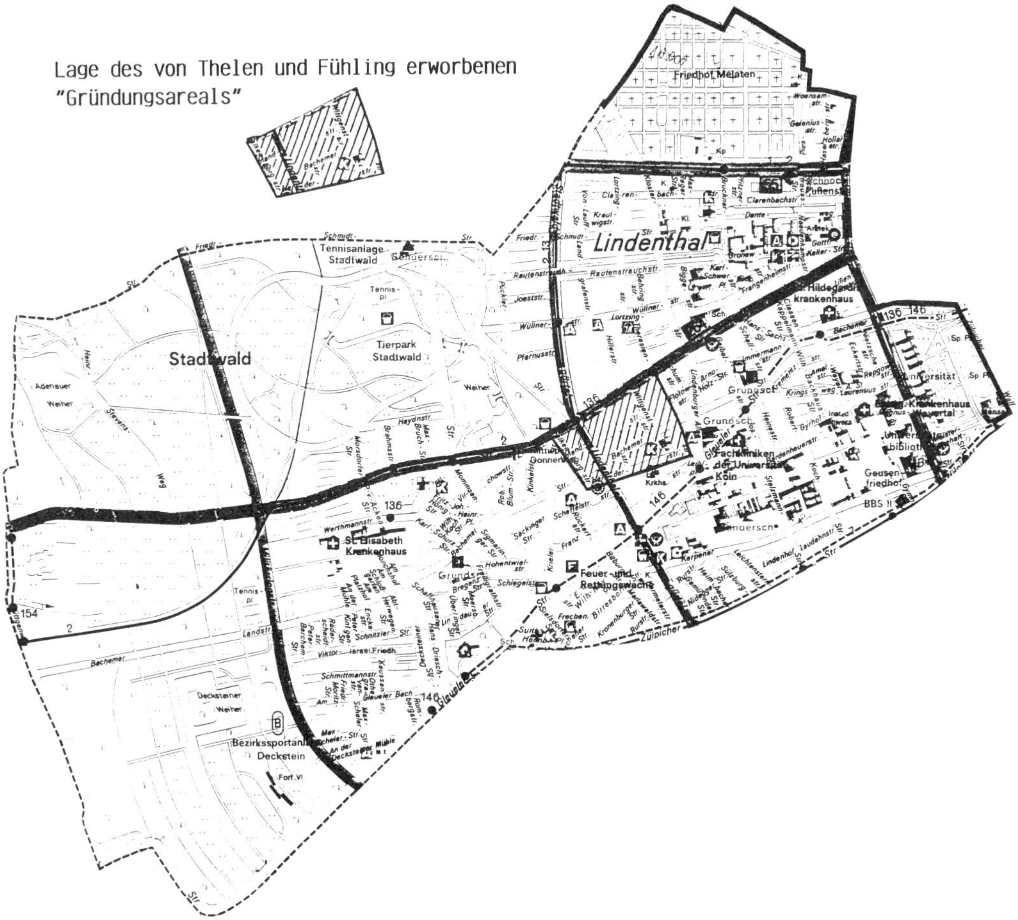

Abb. 17

gründungen«, sondern auch das Bedürfnis, »... sich vor den Toren in gesunder Luft und Umgebung anzusiedeln« (Jahnke, 1922). Als solche industriefreien Vororte sind rechtsrheinisch Thielenbruch, Refrath und Frankenforst, linksrheinisch Marienburg und Lindenthal anzuführen.

Die Gründung Lindenthals geht bis auf das Jahr 1843 zurück. Die Kölner Bürger Thelen und Fühling entwarfen einen Plan zur Gründung einer Wohnkolonie an der nach Düren führenden Landstraße zwischen Lind/Hohenlind und Linderhöhe. Sie erwarben im Bereich der heutigen Dürener, Falkenburg-, Herder- und Theresienstraße 10 Hektar Land, steckten Straßen ab, die zunächst nur als Kieswege angelegt wurden, parzellierten das gesamte Grundstück und verkauften die einzelnen Parzellen zu einem sehr niedrigen Preis, der auch noch in kleinen wöchentlichen Raten ohne Zinserhebung beglichen werden konnte.

Bei den geringen Kosten war es auch weniger begüterten Beamten und Angestellten möglich, Grundeigentum zu erwerben. Thelen und Fühling kam es auch gar nicht darauf an, ähnlich anderen Spekulanten große Gewinne zu erzielen, sie wollten eher als Gründer einer neuen Stadt in die Geschichte eingehen.

Das entscheidende einer »Stadtgründung«, nämlich die Bautätigkeit, blieb zunächst aus. Die Parzellen-Ankäufer legten auf ihren Arealen nur Gärten an und blieben in der

Stadt wohnen. Um die Baulust zu heben und um mehr oder weniger ein Beispiel zu geben, begann der Gutsbesitzer und Straßenreinigungsunternehmer Fühling 1846 mit dem Bau eines Hauses an der Dürener Straße, dessen Grundsteinlegung als die Gründung des neuen Vorortes angesehen werden kann. In der Kölnischen Zeitung vom 17. August 1846 war dann zu lesen: »Das Fest war in jeder Beziehung heiter und bedeutungsvoll. Mehrere hundert Kölner Bürger hatten sich mit ihren Frauen und Töchtern – warum nicht auch mit ihren Söhnen, weiß ich nicht – in einem Zelt unweit des neuen Hauses eingefunden, wo sie von den Festgebern aufs Freundlichste bewirtet wurden. Mit Musik, unter Böllersalven, ward der Grundstein in förmlichem Zuge nach dem neuen Hause gebracht und dort von dem Bürgermeister von Efferen, Herrn Klein, eingesetzt und eingemauert. Einzelne Festredner wiesen auf die Bedeutung des Augenblicks hin, in dem der Grundstein zu einem neuen Stadtteil gelegt werde: Sie warfen einen Blick auf die Zukunft, wo die Kinder und Enkel der Anwesenden da wohnen würden, wo diese eben versammelt stünden, und sprachen die besten Wünsche für ein Gedeihen des Unternehmens aus, welche die Anwesenden durch laute Zurufe auch als die ihrigen kundgaben. Nachdem unter den üblichen Feierlichkeiten eine Urkunde über die Stiftung der Kolonie und ein Protokoll über den ganzen Vorgang in den Grundstein verschlossen und dieser eingemauert war, begab sich der Zug der Festgenossen in das geräumige Zelt zurück. Die Musik rief zum Tanze, die vollen Bowlen luden zum Trunke ein, und allgemeine Lust und Fröhlichkeit herrschten. Später wurde ein Feuerwerk abgebrannt, und das neue, halbvollendete Haus mit Rotfeuer beleuchtet. Das Fest dauerte dann bis spät in die Nacht hinein, und alle Teilnehmer schieden mit frohem Sinn von ihren freundlichen Wirten.«

Wenn auch das Fest der Grundsteinlegung so ausführlich beschrieben wurde, so vergaß man leider, die Lage des ersten Hauses anzugeben. Bereits 1921 war es dem Verfasser der »Gründungsgeschichte der Kölner Vororte«, Karl Jahnke, trotz eifrigster Nachforschungen nicht möglich, den genauen Standort zu erfahren. Auch Peter Kintgen – ein bekannter Heimatforscher und -dichter – gibt in einem Artikel der Jugendzeitschrift Jung-Köln (Heft 8, 1951/52) die Stelle des ersten Hauses im neuen Lindenthal nur mit »an der Dürener Straße« gelegen an.
In dem Buch »Denkmälerverzeichnis – Köln 12.3 Stadtbezirke 2 und 3, J. P. Bachem Verlag, Köln, 1984« wird zwar geschrieben: »... – das erste Haus wurde in der Falkenburgstraße gebaut – ... «, doch konnten wir keine Quelle finden, aus der man diese Angabe ableiten kann. Hingegen läßt sich wieder mit Gewißheit berichten, daß Fühling zwei Jahre später, im Revolutionsjahr 1848, als zweites Haus die »Falkenburg« im Dreieck Krieler, Linden- (heute Falkenburgstraße) und Dürener Straße errichtete.

Der Kölner Kaufmann, Karnevalist und Revolutionär von 1848, Franz Raveaux (1810–1851), der auch der Frankfurter Nationalversammlung im Jahre 1848 angehörte, hielt dazu eine Festrede, in der er der »Kolonie Lindenthal« eine große Zukunft voraussagte.

Allmählich entstand hier nun ein Haus nach dem anderen, und die Bürgermeisterei Efferen, die sich aus den Landgemeinden Kriel, Stotzheim und Efferen zusammensetzte, konnte an eine Anerkennung Lindenthals als eigenständiger Ortsteil denken. Das Bürgermeisteramt wurde 1864 sogar nach Lindenthal verlegt und befand sich in den ersten Jahren in der Falkenburg.

Den Namen »Lindenthal«, den die Gründer »ihrer Stadt« gaben, sollen sie davon abgeleitet haben, daß sich zum einen der Ort zwischen Linder*höhe* und *Hohen*lind befindet – zwischen zwei Höhen ja ein Tal sein muß – zum anderen die Gründung an der mit Linden bepflanzten Landstraße nach Düren erfolgte. Dazu ist jedoch anzumerken, daß

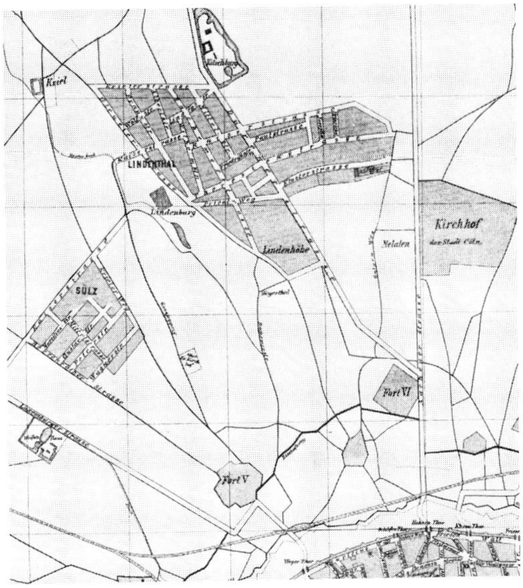

Abb. 18 Die Falkenburg (von der Dürener Straße aus gesehen), erbaut 1848 Abb. 19 Lindenthal um 1875

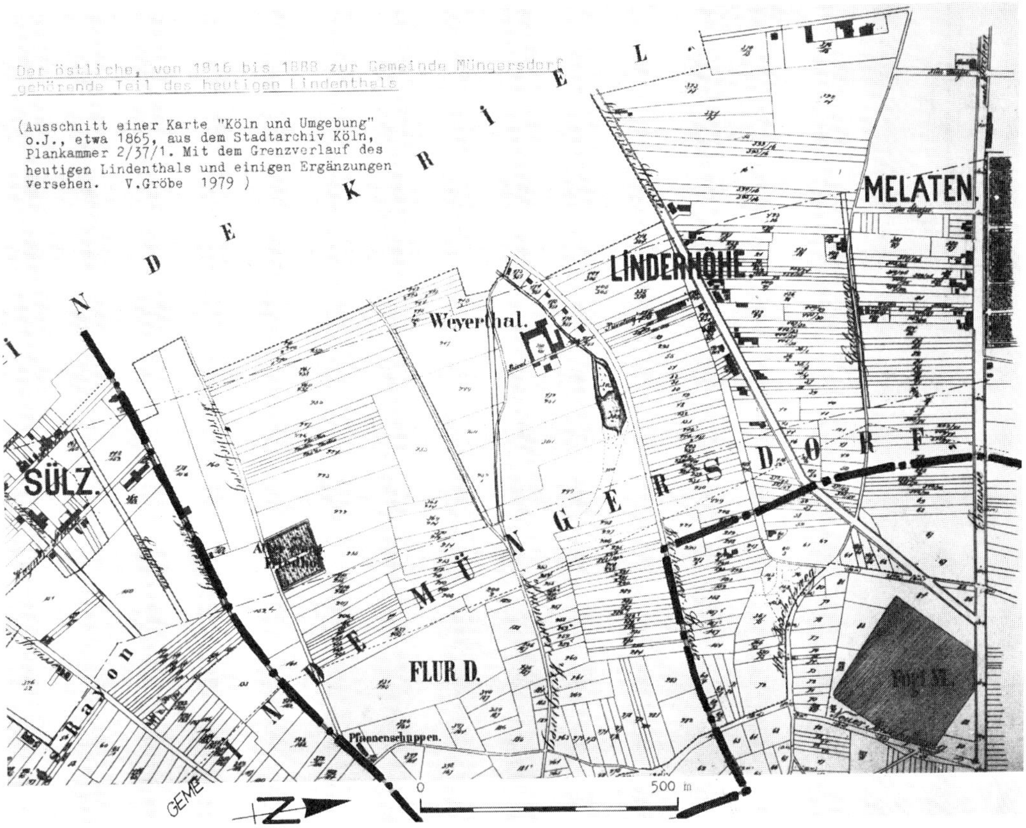

Abb. 20 Der östliche, von 1816 bis 1888 zur Gemeinde Müngersdorf gehörende Teil des heutigen Lindenthals (Ausschnitt einer Karte »Köln und Umgebung« o. J., etwa 1865, aus dem Stadtarchiv Köln, Plankammer 2/37/1. Mit dem Grenzverlauf des heutigen Lindenthals und einigen Ergänzungen versehen. V. Gröbe, 1979)

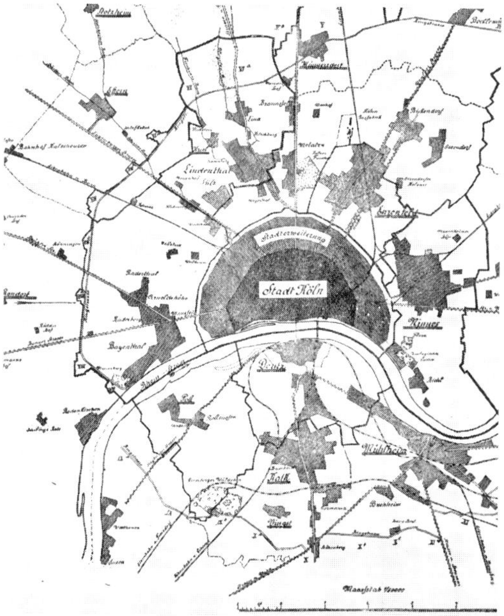

Abb. 21 Plan der Eingemeindung nach Köln 1888

Der Ober-Bürgermeister.
Köln, den
Journal-Nr. 3832
Bürgermeister-Amt Efferen
LINDENTHAL bei Cöln

Abb. 22 Aus dem Briefwechsel zu den Eingemeindungsverhandlungen

die Ortsnamen Lind, Hohenlind und Linderhöhe nicht vom Baum »Linde» abgeleitet sind, sondern von Lint = Land, Ackerland.
Rapide schritt der Ausbau voran, denn Lindenthal war über Nacht eine der begehrtesten Vorstädte Kölns geworden. Eingesponnen in ein Netz gepflegter Gärten und baumreicher Straßen war Lindenthal neben der noch jüngeren Marienburg die behaglichste Wohnstätte im Kölner Weichbild. Schon wenige Jahre nach der Gründung wies Lindenthal (2662 Personen) mehr als zwanzigmal so viele Einwohner auf als Kriel (126), dennoch war der aufstrebende Vorort der Landgemeinde Kriel bis zur Eingemeindung nach Köln im Jahre 1888 ebenso zugehörig wie Lind (356), Lindenburg (206), Linderhöhe (120), Deckstein (42), Neuenhof (19) und Kitschburg (5).
Im Zuge der Eingemeindungsverhandlungen zwischen der Bürgermeisterei Efferen und der Stadt Köln wurden sämtliche Orte der Landgemeinde Kriel zum neuen Kölner Vorort Lindenthal zusammengefaßt; hinzu kamen noch von der Bürgermeisterei Müngersdorf die Teile Melaten, Weyertal und Linderhöhe.
Um eine einheitliche erwaltung in den durch die große Eingemeindung 1888 hinzugewonnenen Stadtgebieten zu ermöglichen, wurde das Eingemeindungsgebiet nach dem Vorbild von Alt-Köln ebenfalls in Ortsbezirke zerlegt. Auf Lindenthal entfielen die Bezirke 60, 61 und 62. Wir lesen unter den Bezirksvorstehern und ihren Vertretern folgende Namen:

Wilhelm Heyden, Eisengießereibesitzer
Paul Backes, Kaufmann,
G. F. Wolff, Ziegeleibesitzer,
Jakob Hollender, Rentner (Linderhöhe),
Peter Nidecken, Landwirt (Melaten),
Adolf Bauer, Fabrikant,
A. Thelen, Landwirt (Kriel, Kirchstraße 1),
W. Philippson, Kaufmann,
Dürener Straße 230.

Die Entwicklung Lindenthals von der Gründung bis zur Gegenwart

Die alten Höfe

Bis zur Gründung Lindenthals war das Gebiet, wie im historischen Abriß bereits dargestellt, rein agrarisch strukturiert. Seit der Mitte des vorigen Jahrhunderts aber drängte die Wohnbautätigkeit die Landwirtschaft immer weiter nach Westen ab, bis sie schließlich um 1960 bis auf einen zwei Hektar großen Acker aus Lindenthal verschwand und nur noch Gartenbaubetriebe, vor allem in Friedhofsnähe, übrigblieben.

Von den neun bedeutenden z. T. bis ins 20. Jahrhundert hinein bewirtschafteten Höfen sind heute nur noch drei im Baubestand erhalten: Das Hofgut Kriel (Freiligrath-/Gleueler Straße), der Platzhof (Decksteiner/Werthmannstraße) und das zur ehemaligen Kitschburg gehörende Gehöft im Stadtwald. Zur Verdeutlichung der früheren wirtschaftlichen Bedeutung der Landwirtschaft in Lindenthal und des allmählichen Niederganges seien hier die alten Höfe skizziert.

Der *Krieler Hof,* einst mit Kirche und Gericht der Kern des alten Kriel, bestand nachweislich bereits 1155. Aus diesem Jahr stammt eine Urkunde des Kölner Erzbischofs Arnold II., in der er dem Kanonikerstift St. Gereon den Besitz bestätigt. Rund 640 Jahre später, am 6. Oktober 1794, wurden die kirchlichen Besitzverhältnisse durch den Einmarsch der französischen Revolutionstruppen geändert. Die Franzosen zogen den Besitz geistlicher Korporationen zugunsten des Staates ein: Bei der im Jahre 1802 erfolgten Säkularisation fielen die Güter an die staatliche Domänenverwaltung. Zu dieser Zeit hatte der Krieler Hof mit einem Areal von 220 Morgen seine größte Ausdehnung. Um die Mitte des 19. Jahrhunderts übernahm die Gutsbesitzerfamilie Thelen, nach der seither der Krieler Hof auch Thelens-Hof genannt wird, dieses Anwesen. 1869 wies der Krieler Hof ein Areal von 149 Morgen auf; bei einer Bodenerhebung im Jahre 1875 wurde die Größe der Ländereien mit 137 Morgen, auf denen Zuckerrüben, Kartoffeln, Weizen, Roggen und Hafer angebaut wurden, angegeben. Kurz vor der Jahrhundertwende wurde die Landwirtschaft eingestellt, die Ländereien als Bauland parzelliert, und die Hofanlagen als Wohnstätte vermietet, nach dem Ersten Weltkrieg aber abgerissen.

Nur etwa 200 Meter vom Krieler Hof entfernt befindet sich das *Hofgut Kriel,* das der Landwirt Josef Bremer, der seit 1890 das Tönnishäuschen bzw. den Lindenburger Hof bewirtschaftete, 1895 von der Familie Jüsten übernahm. Bremer verlegte den Schwerpunkt der landwirtschaftlichen Arbeit auf die Haltung von Milchvieh. Auf dem 300 Morgen großen Areal und in den erweiterten Gebäudeeinrichtungen konnten zunächst 200 Milchkühe gehalten werden. Durch

Abb. 23 Der Krieler Hof, rechts das Krieler Dömchen, im Jahr 1918

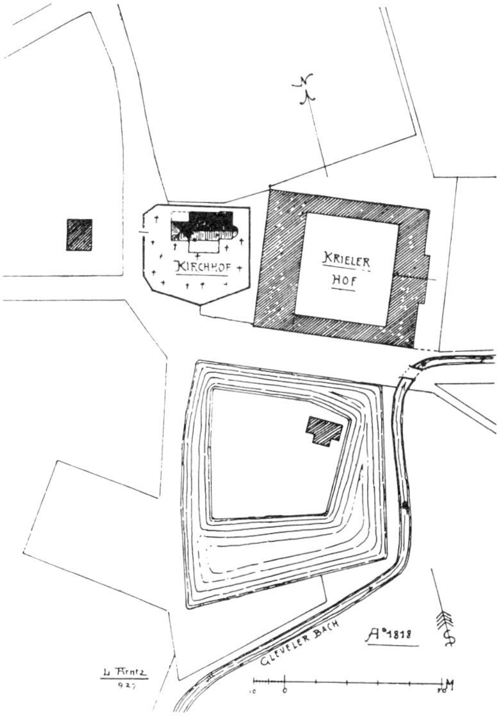

Abb. 24 Lageplan des Krieler Hofes nach einer Rekonstruktion von L. Arntz (1923)

Hinzupachtung von Grünland war eine Aufstockung auf 350 Milchkühe möglich. Täglich wurden 5500 Liter Milch in der dem Hof angeschlossenen Molkerei verarbeitet. Nach dem Ersten Weltkrieg richtete die »Milchversorgung Köln« auf dem Bremerschen Hof eine Zweigniederlassung ein.

1928 wurde die Milchwirtschaft aufgegeben, die Ländereien als Siedlungsgebiet veräußert oder in städtische Grünanlagen umgewandelt. Die Hofanlage dient heute verschiedenen Kleinbetrieben als Produktions- und Lagerraum und die gebäudenahe Hoffläche einem Baumaterialienhändler als Lagerplatz.

Das *Rittergut Hohenlind*, das dem Ortsteil seinen Namen gab, hatte 1867 mit 684 Morgen den weitaus größten Grundbesitz aufzuweisen. Ein dem Bankier Johann Heinrich Stein am 4. Juli 1863 verliehenes königliches Patent, in welchem das Gut als ein landtagfähiges Rittergut anerkannt wird, zeigt auf, daß zu diesem Rittergut mit seinem herrschaftlichen Wohnhaus der Mönchhof, der Platzhof und eine Wassermühle gehörten. In den zwanziger Jahren dieses Jahrhunderts wurde das Herrenhaus niedergelegt und in den Jahren 1930 bis 1932 vom Deutschen Caritas-Verband das St. Elisabeth-Krankenhaus errichtet. Die weiten Parkanlagen sind noch heute südlich des Hospitals vorhanden; selbst als Park des Caritas-Krankenhauses wurden sie noch lange Jahre »Schloßgarten« genannt. Die Ländereien des ehemaligen Rittergutes erwarben oder pachteten Kleinbauern, die hauptsächlich Mast- und Milchvieh sowie größere Schafherden hielten.

Der *Mönchhof* lag an der Ecke Decksteiner Straße/Bachemer Straße. Er gehörte zum Kölner Antoniter-Kloster, das 1802 der evangelischen Gemeinde in Köln übergeben wurde; damit fiel der auch damals 300 Morgen große Mönchhof an die evangelische Gemeinde. Keine 50 Jahre später wurde die Landwirtschaft eingestellt. Das Herrenhaus des Mönchhofs konnte – unter Denkmalschutz gestellt – fast 100 Jahre weiterbestehen, bis die Bomben des Zweiten Weltkrieges auch diesen Rest des Hofes vollends zerstörten.

Der *Platzhof* wirtschaftete noch bis in die fünfziger Jahre dieses Jahrhunderts. Im Zuge der Säkularisation verlor das Kölner Gertruden-Kloster den Platzhof mit seinem 175 Morgen großen Areal. Bis 1986 befand sich im Innenhof des ziemlich verfallenen Platzhofes, der nach dem Namen des letzten Bewirtschafters auch der »Esser'sche Hof« genannt wurde, eine kleine Kraftfahrzeug-Reparaturwerkstatt.

Älteren Lindenthalern ist gewiß noch das Lebensmittelgeschäft Schneider ein Begriff, das bis in die sechziger Jahre hinein in dem flachen Anbau an der Ecke Werthmann- und Decksteiner Straße bestand.

Ebenso wie der Platzhof lag der *Kleinjans-* oder *Kleinjohanneshof* in Lind. Mit einer Wirtschaftsfläche von 175 Morgen gehörte er bis 1802 dem Cäcilien-Stift. Bis ins 13. Jahrhundert hinein lassen sich die Besitzverhältnisse dieses Stiftes in Lind verfolgen. Ein am

Abb. 25 Die Gebäude des ehemaligen Hofgutes Kriel werden heute gewerblich genutzt

Abb. 26: Die heute gewerblich genutzten Gebäude des alten Hofgutes Kriel

Abb. 27   Der Mönchhof, Ecke Bachemer/Decksteiner Straße

Abb. 28   Der Platzhof an der Ecke Werthmann-/Decksteiner Straße (Im Hintergrund rechts: die Kirche St. Thomas Morus)

17. Februar 1794 zwischen dem Cäcilien-Stift und den Pächtern des Kleinjohanneshofes geschlossener Vertrag gewährt einen Blick auf die Höhe der Jahrespacht:
3 Taler und 8 albus waren in bar zu zahlen und 54 Malter Roggen, 2 Malter Weizen, 5 Malter Gerste, 2 fette Schweine und 1 Kalb abzuliefern.
Der *Kleinjohannshof,* später auch noch Schmitzhof genannt, ist wohl identisch mit einem zumeist an das Antoniter-Kloster verpachteten Hof des Stiftes St. Cäcilien. Der Hof dürfte an der Dürener Straße, ungefähr Ecke Morsdorfer Straße, gelegen haben. Dort wurde erst in den sechziger Jahren ein Hofgebäude niedergelegt. Ein weiterer Hof lag an der Dürener Straße an der Stelle, wo heute die Postsiedlung steht. Das Hofgelände wurde in den dreißiger Jahren als Licht- und Luftbad benutzt. Möglicherweise befand sich noch ein dritter Hof in Lind. Noch heute steht eine große Produktions- und Lagerhalle südlich der Dürener Straße zur Werthmannstraße hin. Es handelt sich um einen ehemaligen Reitsaal (Tattersall).
In einer auf den 12. Februar 1316 datierten Urkunde, nach der ein gewisser Friedrich von Lahnstein als Komtur des Deutschen Ordens dem Gertruden-Kloster 7 Morgen Land in Deckstein übertrug, wird der *Decksteiner Hof* das erste Mal erwähnt. Ein Jahr später geht aus einem Pachtvertrag hervor, daß zu diesem Hof auch eine Mühlenstätte gehört. Bereits im Jahre 1360 wurde in einer Beschreibung das Ackerland des Hofes mit 237 Morgen angegeben. Eine Vielzahl von Schenkungen und auch Erwerbungen des Gertruden-Klosters vermehrten die ackerbauliche Fläche erheblich. Im Juli des Jahres 1575 wurde der Hof vermessen und mit einer Größe von 368 Morgen ausgewiesen.
Ein Pachtvertrag aus den letzten Jahren der kurkölnischen Zeit führt uns vor Augen, daß neben den Abgaben in Bargeld und Naturalien auch Dienstleistungen verrichtet werden mußten. So galt es für den Pächter, Holz-, Kohlen- und Klüttenfahrten von den nahen Kohlengruben bis zum Kloster unent-

Abb. 29 Torbogeneinfahrt zum Platzhof (um 1980)

Abb. 30 Hof an der Dürener Straße (heute steht dort die Postsiedlung)

Abb. 31 Die alte Decksteiner Mühle des Martin Paffendorf

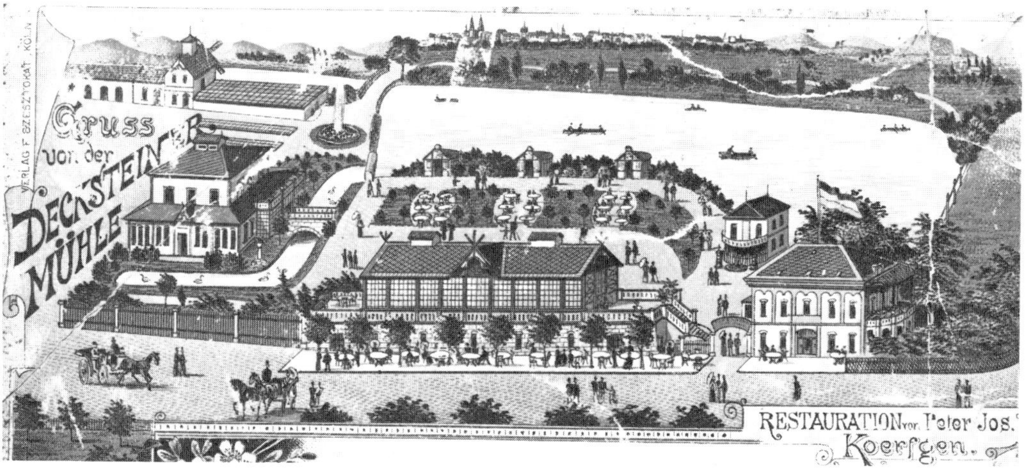

Abb. 32 Die alte Decksteiner Mühle

geltlich durchzuführen und des weiteren ein Pferdegespann dem Kloster jährlich an vier Tagen für Dienstfahrten zur Verfügung zu stellen. Mit der Säkularisation kam auch der Decksteiner Hof 1802 in den Besitz des Staates. 1867 befand sich der nun 388 Morgen große Hof im Besitz des Freiherrn von Fürstenberg.

Ein verheerender Großbrand vernichtete kurz vor 1900 den Decksteiner Hof. Aus den Feldern des aufgegebenen Hofes wurden zum Teil Grünanlagen (das Gebiet um den Decksteiner Weiher), Gelände für Schrebergärten und seit etwa 1950 Siedlungsland für den Ausbau des westlichen Lindenthals.

Kurz nach der Jahrhundertwende errichtete man an Stelle der niedergebrannten Gebäude ein großes Ausflugslokal, das den offiziellen Namen »Decksteiner Mühle« trug, im Volksmund allerdings »Weetschaff zom letzte Jrosche« hieß. Suitbert Heimbach – ebenso wie der bereits zitierte Peter Kintgen ein bedeutender Heimat- und Mundartdichter –, der seine Jugend in Kriel verlebte,

Abb. 33 »Vergnügungspark« Decksteiner Mühle um 1905

Abb. 34 Tanzsaal der »Weetschaff zom letzte Jrosche« um 1910

schrieb in der Plauderei »Rund um den Krieler Dom in der Jahrhundertwende« über das beliebte Ausflugslokal: »Der große, langgestreckte Weiher gehört zur Decksteiner Mühle, einem Restaurant, das durch seine beiden großen Tanzsäle weithin bekannt ist. Hier stand früher eine Mühle, von der heute nur noch ein paar Mühlsteine im Gelände herumliegen. Städter machen sonntags gerne einen Ausflug nach Deckstein, den sie

Abb. 35 Die »Mühlenmannschaft« um 1910

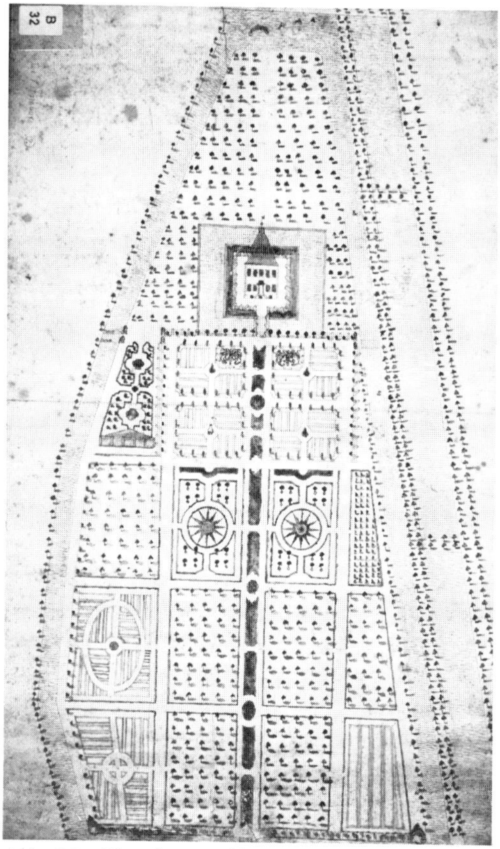

Abb. 36 Plan der Kitschburg mit ihrer Umgebung um 1760

hier bei Kaffee und Kuchen beschließen. Wer will, kann auf dem Weiher kahnen. In den beiden großen Sälen wird eifrig getanzt. Der Wirt kommt den Tanzlustigen dadurch entgegen, daß er am Sonntagnachmittag mehrere Kremser über die Decksteiner Straße zum Stadtwald jagen und an der Endhaltestelle der Straßenbahn die Besucher abholen läßt. Nicht immer verläuft ein Sonntag hier reibungslos. Im Decksteiner Fort liegt eine Abteilung des Rheinisch-Westfälischen Fußartillerie-Regiments Nr. 9, und man weiß ja, daß zweierlei Tuch nicht immer ohne Einfluß auf die Gunstbezeugung der Damen bleibt. Andererseits kann man es verstehen, daß die Nurzivilisten einer Bevorzugung nicht tatenlos zusehen. Da liegen Handgreiflichkeiten natürlich in der Luft.

Der Decksteiner Mühle ist ein großer Vergnügungspark vorgelagert, dessen Glanzstück ein 70 m hoher Aussichtsturm ist. Von seiner Kuppe aus, die durch einen drehbaren, elektrisch betriebenen Aufzug erreicht wird, kann man durch farbige Scheiben bis weit ins Vorgebirge hinschauen, und auf der Gegenseite Köln in seiner ganzen Größe und Herrlichkeit bewundern. Der Wirt der Decksteiner Mühle, Josef Körfgen, legte den Vergnü-

Abb. 37 Ansicht der Kitschburg aus dem Jahr 1822 (angeblich gegen Süden, in Wirklichkeit aber gegen Westen)

Abb. 38 Das ehemalige Stadtwald-Restaurant

gungspark an, den Aussichtsturm holte er aus Barmen.«
Noch heute gibt es das Ausflugslokal Decksteiner Mühle, wenn auch als festes, modern gestaltetes Steinhaus mit einem Biergarten, in welchem sich eine Wasserradattrappe unter hochgepumptem, plätscherndem Wasser dreht. Der einstige Kahnweiher ist verschwunden und von einem Vergnügungspark ist einzig eine kleine Minigolfanlage übriggeblieben.

An der Dürener Straße (Nr. 285) stehen noch heute Gebäude des zur *Kitschburg* gehörenden Gehöfts. 1669 findet man die Kitschburg in Steuerlisten erwähnt. Das 30 Morgen große Anwesen wurde 1715 von dem Domkapitular Johann Heinrich Moers dem Kölner Priesterseminar übereignet. Wie die anderen Höfe, die im Besitz geistlicher Korporationen waren, so wurde auch die Kitschburg in der Franzosenzeit dem Staatsbesitz zugeführt. Bald darauf kaufte es der Kölner

Abb. 39 Wohngebäude des Gehöftes der Kitschburg an der Dürener Straße

Bankier Abraham Schaaffhausen. Er wandelte 1817 das Landhaus der Regenten des Priesterseminars in eine Sommerresidenz um.
Landwirtschaftlich besaß der kleine Hof kaum Bedeutung. 1894 erwarb die Stadt Köln 103 Hektar (412 Morgen) Land zwischen der Aachener und der Dürener Straße einschließlich der Kitschburg und dem angeschlossenen Hof. Das riesige Grundstück wurde zum Stadtwald umgewandelt und aus der Sommerresidenz ein Restaurant gestaltet, das »Stadtwaldrestaurant«. Der im Zweiten Weltkrieg zerstörte klassizistische Bau wurde zwar wieder errichtet, jedoch nicht im alten Stil. Einige Jahre diente das neue Gebäude als belgisches Offizierskasino, dann konnte es als »Stadtwaldrestaurant« wieder der Öffentlichkeit als Ausflugslokal übergeben werden. Heute steht an dieser Stelle das Crest-Hotel.

An den ehemaligen Hof der Kitschburg erinnert heute noch eine Reihe von riesigen Pappelbäumen, die auf der sog. Vogelinsel im Stadtwaldweiher beginnt und sich bis zur Fürst-Pückler-Straße erstreckt. Die Pappelreihe gibt die Grenze des ehemaligen Hofgeländes der Kitschburg an, an der früher ein 5–6 m breiter Wassergraben verlief, um die feuchten Wiesen zu entwässern.

Der *Hof Melaten* gehörte zu einem seit 1180 bestehenden Leprosenhaus. Zu Beginn des 17. Jahrhunderts besaß der Melatener Hof neben 19 Morgen Ackerland auch eine Fischerei, die sogenannte »Fosskaule« und eine Windmühle, die jedoch bereits 1828 abgebrochen wurde. Außerdem besaß der Hof in Lind weitere 18 Morgen Ackerland. Wenn auch 1810 auf dem Gelände der Leprosenanstalt der Zentralfriedhof Melaten von der französischen Verwaltung angelegt

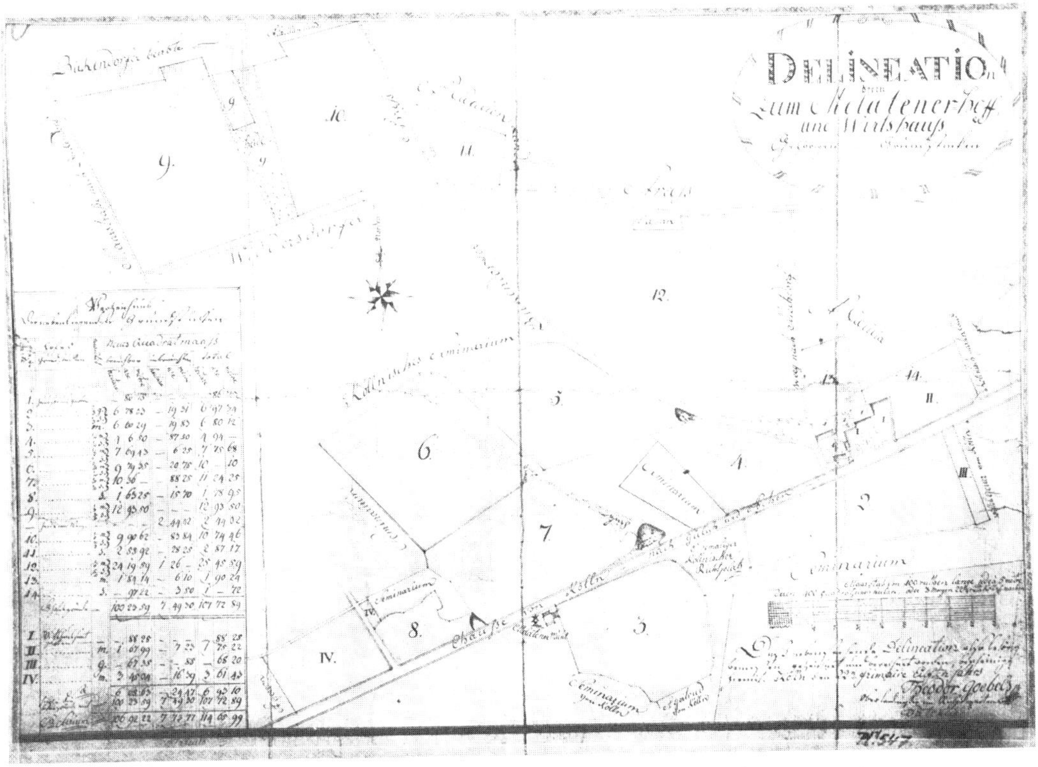

Abb. 40 Plan des Melatener Hofs mit Mühle, Fischkaule, Wirtshaus und Ländereien (1800)

wurde, bestand der Melatenhof weiter bis zum September 1889. Nachdem die Stadt Köln den im Besitz der Armenverwaltung stehenden Hof am 24. März 1887 angekauft hatte, wurde er im September 1889 niedergelegt. Der Name Melaten kommt vom französischen malade: krank, aussätzig.

Landwirtschaftlich war der Hof Melaten unbedeutend; für Gärtnereibetriebe erlangte das Gelände jedoch wegen seiner unmittelbaren Lage am Kölner Zentralfriedhof allerhöchste Wichtigkeit.

An dem bereits 1581 erwähnten Antoniusweiher, im Schnittpunkt der heutigen Gleueler und der Joseph-Stelzmann-Straße, stand bis 1816 das *Tönnishäuschen* genannte Gehöft. Mit einer Ackerfläche von 30 Morgen gehörte es bis 1802 den Kölner Antonitern, was sich auch aus der Bezeichnung Tönnishäuschen herleiten läßt, wenn man sich in der Kölner Mundart ein wenig auskennt. Anton = Tönnes/Tünnes. Die Hof- und Feldsteine waren mit einem T versehen; das muß aber nicht im Namen des Hofes begründet sein, es kann sich hier durchaus auch um das T-förmige Antoniterkreuz handeln.

Nach der Verstaatlichung durch die Franzosen wurde der Hof von der Kölner Familie Engels erworben und mit einem zweigeschossigen Landhaus mit Freitreppe und Mansardendach versehen. Diese Siedlungsstelle erhielt im Jahre 1816 die offizielle Bezeichnung Lindenburg.

Obwohl das eigentliche Hofgebäude nicht mehr auf Lindenthaler Gebiet liegt, sondern heute auf Marsdorfer Gebiet, muß der *Stüttgenhof* hier erwähnt werden. Dafür spricht einmal seine frühere Zugehörigkeit zu Kriel und Lind, andererseits die Tatsache, daß ein wesentlicher Teil seiner Felder auf Lindenthaler Gebiet lag. Die Geschichte dieses

Abb. 41 Das Antoniushäuschen genannte Landhaus im Park des Städtischen Krankenhauses Lindenburg (um 1930)

Hofes ist sehr gut bezeugt. Nachdem er verschiedenen Kölner Patrizier-Familien gehört hatte, gelangte er im Jahre 1485 an das Stift St. Gereon. Als geistlicher Besitz wurde der Hof 1803 säkularisiert, ging von dem französischen Staat auf den preußischen Staat über und gelangte bei einer großen Domänenversteigerung im Jahre 1820 an Adam Ploog aus Flittard. Gegen Ende des vorigen Jahrhunderts wurde der Hof verpachtet, bis in den dreißiger Jahren dieses Jahrhunderts die Familie von Meer, Nachfahren der Familie Ploog, als Eigentümer den Hof wieder selbst in Bewirtschaftung nahm. Es ist der einzige noch aktive Bauernhof in unmittelbarer Lindenthaler Nähe.

Neben den beschriebenen landwirtschaftlichen Betrieben gab es im Gebiet des heutigen Lindenthals noch eine Reihe kleinerer Gehöfte, die gerade noch die Familien zu ernähren vermochten, und auch das nur, weil die kleinflächigen Parzellen mit dem Anbau von Gemüse gartenbaulich-intensiv genutzt wurden.

Wohnen in gesunder Luft und Umgebung – Wohnsiedlungsbereiche

Nach Fühlings ersten Bauaktivitäten in den Jahren 1846 und 1848 folgten bald die anderen Parzellenbesitzer seinem Beispiel und stellten ihre Wohnhäuser inmitten der von ihnen bereits seit 1843 angelegten Gärten auf.

Gegen Ende des 19. Jahrhunderts begann auch in den anderen Teilen des heutigen Lindenthals eine rege Bautätigkeit, die allerdings je nach Ort unterschiedliche Beweggründe hatte: In Kriel errichteten vornehmlich Ziegeleien an der damaligen Kirchstraße (heutige Freiligrathstraße), an der Gleueler, Schlegel- und an der Krieler Straße anderthalbgeschossige Reihenhäuser mit Kleinwohnungen für geringe Ansprüche sowohl für die Beschäftigten der Ziegeleien als auch für andere Mieter.

In Melaten erbauten an der dem Friedhof gegenüberliegenden Seite der Aachener Straße die Inhaber von Geschäften, Gärtnereien, Steinmetzbetrieben und Schenkwirtschaften, die den Bedürfnissen des Friedhofbetriebes nachkamen, ihre Wohn- und Gewerbebauten. Linderhöhe gewann durch die Lage zwischen dem neugegründeten Lindenthal und der Stadt Köln an Attraktivität, die zur weiteren Bebauung entlang der Dürener Straße führte. Etwas später, als die Grundstückspreise auch auf dem Lindenthaler Gebiet schon recht hoch gestiegen waren, setzte in Lind eine Bauaktivität an der Dürener und an der Morsdorfer Straße ein. Erfolgte die Bebauung in Kriel, Lind, Melaten, Hohenlind und auch in anderen Vororten wie beispielsweise Ehrenfeld, Nippes, Sülz, Klettenberg stets entlang vorhandener Straßen, so daß die Häuserzeilen in einer Flucht standen, so trat in Lindenthal hingegen eine Entwicklung ein, die dem Ort den Charakter einer Gartenstadt verlieh. Wiesen die in den anderen Vororten errichteten Wohnhäuser einst Vorgärten auf, so ver-

Abb. 42 Reihenhäuser mit Kleinwohnungen in der Krieler Straße um 1920

schwanden diese recht bald nach Straßenerweiterungen. Die Wohnsiedlungsbereiche in Lindenthal aber blieben auch nach der Anlage eines vergrößerten Straßennetzes durchgrünt.

Nachdem das Gründungsareal Lindenthals weitgehend ausgebaut war, begannen sich die Freiräume zwischen den Ortsteilen zu füllen, so daß zur Zeit der Eingemeindung nach Köln Kriel, Lindenthal, Linderhöhe und Weyertal einen ziemlich geschlossenen Siedlungsbereich darstellten. (Der in Abb. 45 gezeigte Ausschnitt aus der Karte der Pfarrgemeinde Kriel von 1884 verdeutlicht mit dem eingetragenen Wegenetz und der Bebauung das Zusammenwachsen der einzelnen Orte.) Lind und Hohenlind blieben allerdings durch die Parkanlagen der Kitschburg und die südlich davon gelegenen Sand- und Lehmgruben von diesem Siedlungsbereich getrennt. Einem Ausbau Decksteins stand bis ins 20. Jahrhundert hinein der äußere Fortgürtel entgegen. Der Grund dafür lag nicht im unbebauten Vorgelände – wie es in Linderhöhe am inneren Fortgürtel der Fall war – sondern hier im sogenannten Kehlrayon. In diesem Bereich für die rückwärtige Verteidigung galten die gleichen Baubeschränkungen wie für das Vorgelände. Stadteinwärts verlief die Grenze etwa 300 m östlich parallel zur Militärringstraße. Trotz

Abb. 43 Kitschburger Straße 1, erbaut um 1900

Abb. 44 Gleueler Straße um 1900

dieses Umstandes ist es erstaunlich, daß erst nach 1950 der ehemalige Kehlrayon in Deckstein für die Bebauung erschlossen worden ist.

Kurz nach der Jahrhundertwende erfolgte mit dem Auftreten von Wohnungsbaugesellschaften ein planmäßiger Ausbau der noch vorhandenen Freiflächen; auch wurde schon die frühe Erstbebauung teilweise durch eine Zweitbebauung ersetzt. Typische, von Baugesellschaften errichtete Häuserzeilen sind heute noch an der Kerpener Straße zwischen Weyertal und Robert-Koch-Straße, in der Mommsen- und in der Krieler Straße sowie in der Gleueler Straße auf der Südseite zwischen Rückert- und Mommsenstraße erhalten. Diese ältesten genossenschaftlichen Wohnhäuser entsprachen in ihrer Bauart den oben schon erwähnten Kleinsiedlungshäusern.

Zu Beginn des 20. Jahrhunderts wurden auch mehrstöckige Drei- und Vierfensterhäuser erstellt, wie sie aus der Kölner Innenstadt her bekannt sind und vor allem für die Bebauung Ehrenfelds als typisch gelten können. In Lindenthal befinden sich solche meist als Mehrfamilienhäuser genutzte Gebäude noch besonders gut erhalten an der Bachemer Straße zwischen Falkenburg- und Krieler Straße, der Schlegelstraße, in der Theresienstraße zwischen der Dürener und der Bachemer Straße und schließlich in der Wittgensteinstraße, die von ihrer Anlage her eine Kopie der älteren Wahlen- und Körnerstraße in Ehrenfeld sein könnte. Beide Ehrenfelder Straßenzüge sind, wie die Wittgensteinstraße, rechtwinklig an eine Radialstraße angelegt und schließen mit einer kleinen Kirche an der Stirnseite ab.

Parallel zum allgemeinen Trend, Wohnhäuser straßenzugweise zu errichten, erfolgte längs des neuangelegten Stadtwaldgürtels die Bebauung mit großen Villen in parkähnlich angelegten Großgärten. Nicht selten, vor allem, wenn die Villa nicht repräsentativ am Straßenrand stand, sondern zurückversetzt

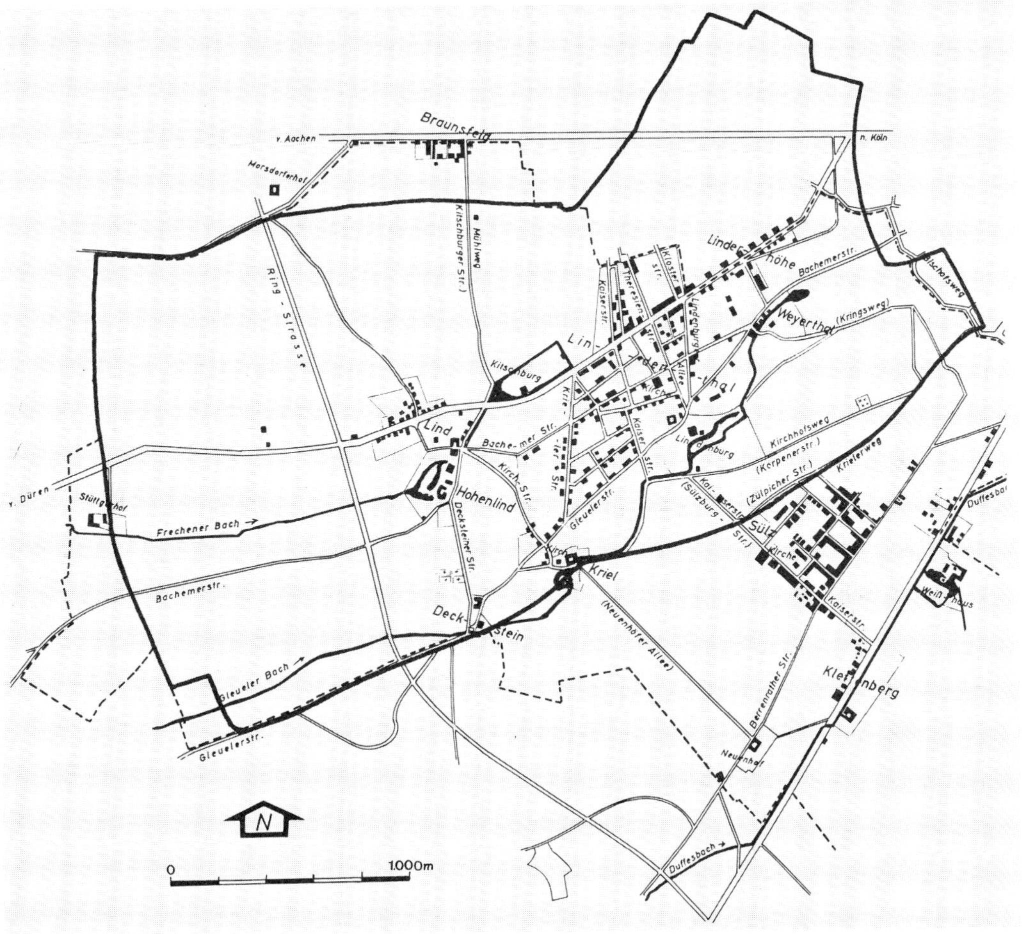

Abb. 45 Dieser Kartenausschnitt von 1884 ist mit den Grenzen des heutigen Lindenthals versehen worden. (V. Gröbe, 1979)

im baumbestandenen Garten, war auch ein separates Wohngebäude für das Hauspersonal und den Chauffeur an der Straßenseite errichtet worden.

In den zwanziger und dreißiger Jahren entstanden meist viergeschossige Wohnblöcke in funktionaler Bauweise, wie sie in einigen Abschnitten an allen größeren Verkehrsstraßen stehen, besonders aber im Bereich der Zülpicher Straße, nämlich in der Frechener, Sülzburg-, Leichtenstern- und Laudahnstraße sowie im Lindenhof, im Komponistenviertel (Bruckner-, Pfitzner- und Richard-Strauss-Straße zwischen der Aachener und der Klarenbachstraße) und letztlich im Bereich Universitäts-, Gyrhof-, Eckert- und Bachemer Straße.

Wenn die Baugenossenschaften, unter denen die Lindenthaler Spar- und Baugenossenschaft – (heute firmiert sie unter dem Namen Köln-Lindenthaler Gemeinnützige Baugenossenschaft eG und ist in der Mommsenstraße 49 ansässig) – vorzugsweise zu nennen ist, eine geschlossene Bauweise anstrebten, die einen ganzen Straßenzug einnahm, so bauten sie doch keineswegs Mietsilos, sondern versuchten Häuserblocks zu errichten, die zwar eine gewisse Symme-

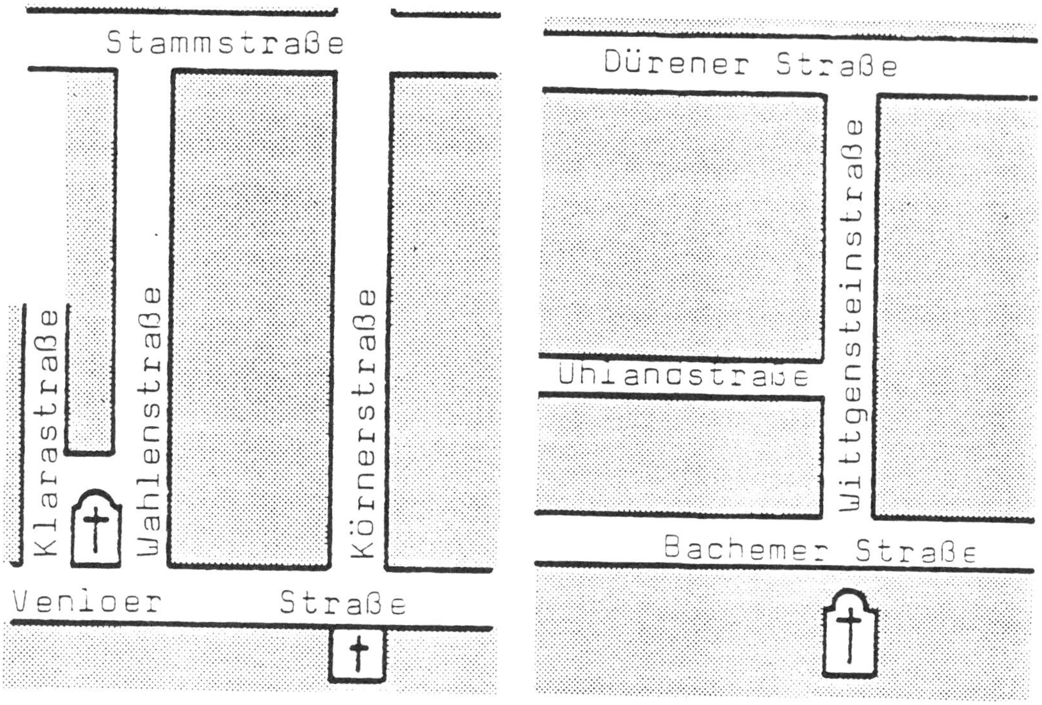

Abb. 46 Vergleich der Straßenanlagen mit Kirchenabschluß in Ehrenfeld und Lindenthal (Entw. u. Zeichng. V. Gröbe, 1980)

Abb. 47 Drei- und Vierfensterhäuser in der Dürener Straße um 1910

trie erkennen lassen, aber doch verhältnismäßig individuell gestaltet worden sind. Dabei richteten die Architekten ein besonderes Augenmerk auf die Wahrung oder die Schaffung von Grünflächen zwischen den Wohnbereichen. Die namentlich genannte Baugenossenschaft ging sogar soweit, daß sie einen Kleingärtnerverein ins Leben rief, dessen Mitglieder auf genossenschaftlichem, noch nicht bebautem Areal, welches über ganz Lindenthal verstreut lag, Gartenland zur Nutzung zugeteilt bekamen.
Der Zweite Weltkrieg traf Lindenthal besonders hart. Die Luftangriffe der Alliierten zerstörten 85 % der gesamten Wohnbebauung. Von der Altstadt abgesehen (Altstadt-Nord 87 % und Altstadt-Süd 93 %) ist kein Stadtteil Kölns mehr verwüstet worden. Im Zuge des Wiederaufbaues wurden Fluchtlinien gezogen und so die willkürliche Bebauung, die

Abb. 48 Häuserreihe mit Drei- und Vierfensterhäusern (errichtet um 1900) in der Wittgensteinstraße 9–13

Abb. 49 Die Schlegelstraße (Blickrichtung zur Mommsenstraße), linke Seite: Häuser aus der Zeit vor dem Ersten Weltkrieg

Abb. 50 Die Schlegelstraße (Blickrichtung zur Mommsenstraße), rechte Seite: Siedlungshäuser aus den 50er Jahren

Abb. 51 Die »Beamtensilos« an der Universitätsstraße

sich besonders zwischen der Gleueler und der Dürener Straße für die Straßenführung unangenehm geltend machte, einigermaßen ausgerichtet. Weitaus die meisten Häuser mußten völlig neu aufgebaut werden; dennoch gelang es auch, etliche der prächtigen alten Villen und Mietshäuser wieder herzurichten.

Heute wie damals sind die geräumigen Wohnungen etagenweise an die gehobene Mittelschicht vermietet. Mitunter aber sind die Gebäude dem Wohnzweck entfremdet worden, indem sich dort Universitätsinstitute etablierten, Versicherungsvertretungen oder Anwälte ihre Büroräume einrichteten oder Studentenverbindungen sich niederließen. Die bauliche Tätigkeit in Lindenthal erschöpfte sich nach dem Krieg nicht nur im Wiederaufbau und im Schließen von Baulücken, es wurden auch neue, noch weitgehend freie Areale einer Bebauung unterzogen. Diese liegen hauptsächlich im Westen unseres Stadtteils. Besonders eindrucksvoll

Abb. 52 Nach dem Zweiten Weltkrieg wieder hergerichtetes Doppel-Wohnhaus von 1900

verdeutlichen das die vier Fotos von den Luftbildplänen Linds und Decksteins aus den Jahren 1951 bis 1978 (siehe Abb.: 59). Während der fünfziger Jahre füllte sich der Raum zwischen der Gleueler, Decksteiner, Bachemer und Freiligrathstraße. Im Bodensee-Viertel (Bregenzer, Meersburger, Lindauer, Schaffhausener und Überlinger Straße), das sich in diesem Raum befindet, errichtete eine Wohnungsbaugenossenschaft die sogenannte »Samba-Siedlung«: enge, zweigeschossige Einfamilienhäuser, die zur jeweiligen Straßenfront vor- bzw. zurückversetzt angeordnet sind. (Aus diesem Vor-Zurück-Sambaschritt leitete die Bevölkerung den Namen der Siedlung ab.) Westlich und südwestlich daran anschließend wurden bis zur Decksteiner Straße kleine Reihen- und Einzelhäuser für belgische Soldaten gebaut. Etwas früher entstand zwischen der Schmittmannstraße und der Straße »An der Decksteiner Mühle« ein nobles Villenviertel (Am Gleueler Bach) mit einem baulichen Variationsreichtum in aufwendigerem Stil. Die Grundstückspreise schnellten in die Höhe: Kostete 1949 ein Quadratmeter Bauland dort gerade fünf Mark, so sprang er innerhalb von zwanzig Jahren auf rund achthundert Mark, die auch heute noch gezahlt werden müssen. Gleichzeitig wurde das Gebiet nördlich des Friedhofs an der Decksteiner Straße links und rechts der Bachemer Straße erschlossen und rasch mit modernen Bungalows und individuellen Villen bebaut.

Aber nicht nur wohlhabende Kölner fanden ihren Wohnort in »gesunder Luft und Umgebung«, auch Bürger, die sich ein eigenes Haus nicht leisten konnten, erhielten im Westen Lindenthals Wohnungen im Grünen. So errichtete die Deutsche Bundespost unmittelbar nach dem Zweiten Weltkrieg nördlich der Dürener Straße und westlich der Morsdorfer Straße am Rande des Stadtwaldes eine Siedlung mit zweieinhalbgeschossigen Mehrfamilien-Reihenhäusern in sogenannter Schüttbauweise.

Abb. 53 Häuser der sogenannten Samba-Siedlung in der Meersburger Straße

Abb. 54 Exklusive Wohnhäuser in der Friedrich-Moritz-Straße

Die Wohnungen wie auch die einzelnen Zimmer sind für heutige Verhältnisse sehr klein und äußerst unkomfortabel; die Zimmer werden mit einzelnen Öfen beheizt. In den Nachkriegsjahren allerdings wurde der Wohnraum dringend benötigt, und heute sind die nun erwachsenen Kinder der Ersteingezogenen mit den Gegebenheiten relativ zufrieden, weil die niedrigen Mieten einen größeren Sparbetrag oder auch einen größeren Konsum zulassen.

Allmählich füllten sich die Freiräume. In Melaten entwickelten sich dort gemischte Bauflächen (Wohn- und gewerblich genutzte Gebäude). Den südöstlichen Teil Lindenthals nehmen Sonderbauflächen (Universitätsinstitute und Kliniken) ein. In der Classen-Kappelmann-Straße baute die Lebensversicherungsgesellschaft Lloyd AG aus München in den Jahren 1975 bis 1978 einen Wohnpark mit einem modern gestalteten, mehrflügeligen, sechsgeschossigen Block, in dem 288 Wohnungen untergebracht sind. Die Wohnungsgrößen sind über das gesamte Spektrum vom Einzimmer-Appartement bis zur Fünfzimmer-Großraumwohnung verteilt. Aufgrund des hohen Mietpreises – mehr als 10,– DM pro Quadratmeter – bewohnen nur Personen mit mittlerem bis hohem Einkommen diese Anlage oder nutzen Anwälte, Ärzte, Versicherungsagenten den Wohnraum als Praxis oder Kleinbüro.

Das vorläufig letzte große Wohnungsbauprojekt führte die Firma Krawinkel an der Mommsenstraße bis in das Jahr 1985 durch. Sie erwarb vom Bankhaus Stein den »Lindenthaler Kessel« – eine Sportanlage, in der heimstarke Fußballmannschaften des FC Blau-Weiss 06 Köln e.V. mit so manchem Gegner wahre Kesseltreiben veranstalteten – und errichtete entlang der Birresborner und der Ernst-Wilhelm-Nay-Straße (Südseite) außergewöhnlich attraktiv gestaltete Zweifamilien-Reihenhäuser und an der Mommsenstraße sowie der Nordseite der Ernst-Wilhelm-Nay-Straße Mehrfamilienhäuser mit

Abb. 55 Die Postsiedlung in Hohenlind um 1950

Eigentums- und Mietwohnungen in Größen von 42 bis 135 qm. Die PKW-Einstellplätze sind unterirdisch angelegt, so daß der Siedlungsbereich großzügig durchgrünt werden konnte. Jedes der Zweifamilienhäuser hat einen kleinen Ziervorgarten und einen Garten hinter dem Haus, der mitunter auch als Nutzgarten bearbeitet wird.

Hier und da findet man heutzutage nur noch kleinere Flächen, auf denen erstmals Wohngebäude errichtet werden, so an der Werthmannstraße neben dem alten Restgebäude des Platzhofes, wo ein luxuriöses, kunstvolles und farbenfrohes Mehrfamilienhaus entstanden ist.

Häufiger hingegen sind heute Wohnhausbaustellen dort, wo ein Einfamilienhaus oder gar eine repräsentative Villa auf einem großen Grundstück abgerissen wird, um an gleicher Stelle renditeträchtige Großhäuser zu errichten oder – wie es gerade neben dem Elisabeth-Kloster an der Ecke Gleueler und Decksteiner Straße geschieht – um ein weitläufiges Areal neu zu parzellieren und dann statt der einen Villa eine Vielzahl von kleinen Einfamilienhäusern neu aufzubauen.

Einen Überblick über die Siedlungsentwicklung verschafft die in Abbildung 58 darge-

Abb. 56 Die »Krawinkel-Siedlung« im ehemaligen Lindenthaler Kessel (Blickrichtung SW, 1987)

Abb. 57 Krawinkel-Häuser in der Birresborner Straße, rechts hinten: eines der drei Schwesternwohnheime (1987)

Abb. 58

DIE SIEDLUNGS-ENTWICKLUNG

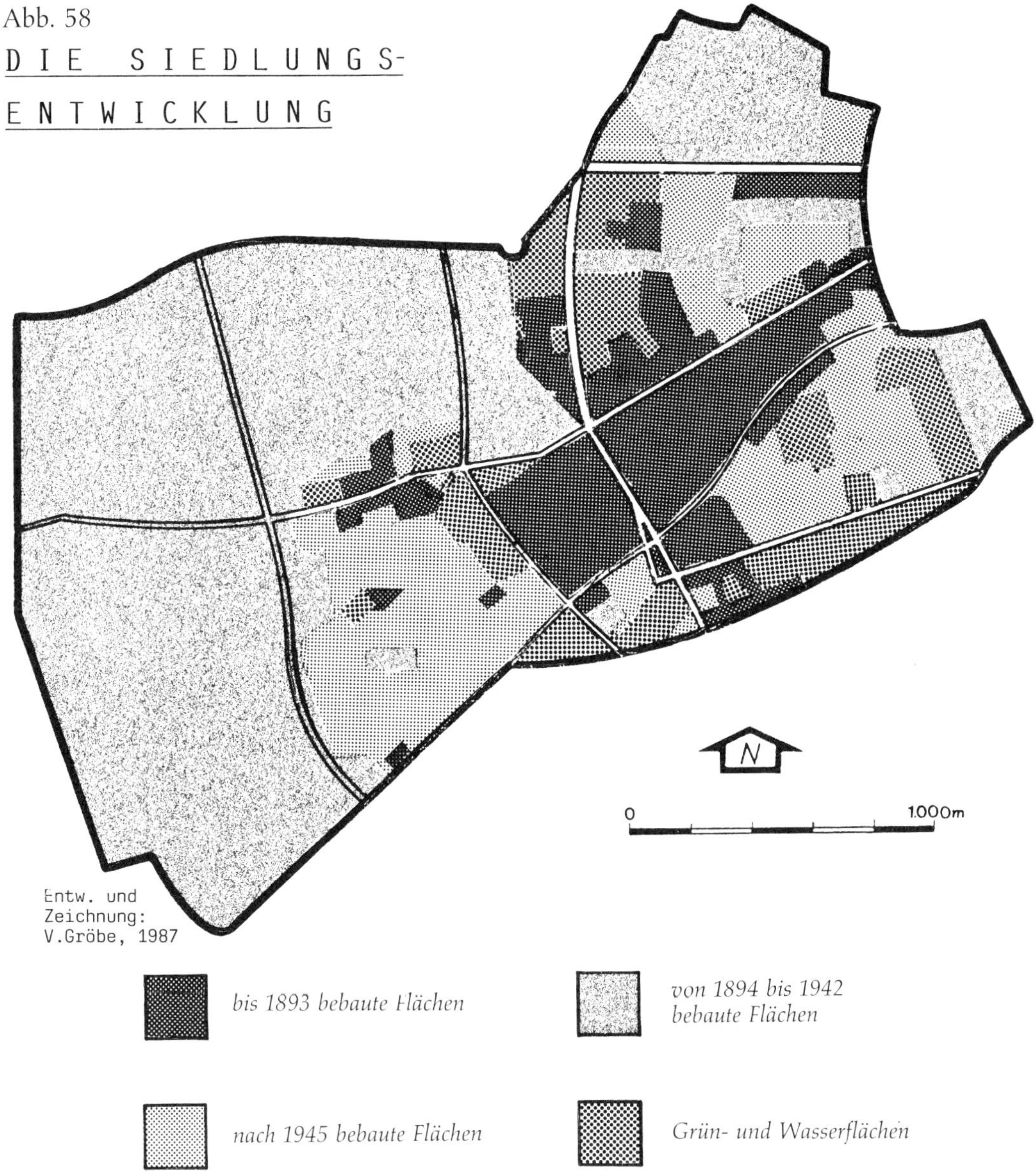

stellte Bebauung des Lindenthaler Areals in verschiedenen Zeitabschnitten. Deutlich tritt dabei die Fläche zwischen der Dürener und der Gleueler Straße von der Universitäts- bis zur Mommsenstraße als ein altes, bis 1893 bebautes Siedlungsgebiet hervor; hinzuzuzählen sind noch Lind und der südlich der Aachener Straße liegende Teil Melatens. Bis zum Zweiten Weltkrieg fand ein Ausbau vorwiegend entlang des Stadtwaldgürtels, im Südostteil an der Zülpicher Straße und an der Universitätsstraße statt. Nach der Wiederaufbauphase von 1945 an wurden die restlichen Freiflächen – von den geschützten Grünanlagen abgesehen – vor allem im Westen bebaut.

Dem bisherigen Überblick über den Wohnsiedlungsbau in Lindenthal sollen ergänzend

Abb. 59–62 Entwicklung der Bebauung im Westen Lindenthals (Deckstein), dargestellt an verkleinerten Ausschnitten aus den Luftbildplänen 1:5000, Blatt 6242, Lind, der Jahre 1951, 1956, 1959 und 1978; Hrsg.: Plan und Karte GmbH, Münster

Elisabeth-Krankenhaus
Hohenlind
Militärringstraße
Schule
Kloster
Krieler
Dömchen
Friedhof
Gleueler Straße

Elisabeth-Krankenhaus
Hohenlind
Militärringstraße
Schule
Krieler
Dömchen
Kloster
Friedhof
Gleueler Straße

Abb. 63 Ausschnitt aus dem Plan für das Umlegungsgebiet des ehemaligen Festungsrayons der Stadt Köln

Abb. 64 Innerer Rayon. Blick über das Wasserbecken am Aachener Tor zum Hochhaus an der Dürener Straße

Abb. 65 Innerer Rayon. Blick von der Bachemer Straße über Hochhaus und Wasserbecken nach Norden

einige markante Details wie auch ein Tagebuchauszug des ehemaligen Lindenthaler Oberbaurats Hermann Beitzen über die Zerstörungen während des Zweiten Weltkrieges folgen.
Wie anders hätte der Lindenthaler Anteil am inneren Grüngürtel und im Bereich zwischen der Aachener und der Dürener Straße bis zum Stadtwald hin ausgesehen, wären die nach dem Ersten Weltkrieg entstandenen Planungen Fritz Schumachers vollständig verwirklicht worden!
Gewaltige Bauten eines Geschäftszentrums mit einem Hochhaus, ein mächtiger Bahnhof, weitläufige Gebäude der Universität und eine Vielzahl von nahezu 50 Meter langen Wohnblöcken, durchgrünt mit Volkswiesen, Spiel- und Sportplätzen, Baumgrup-

Abb. 66 Innerer Rayon. Blick vom Bahnhof über das Wasserbecken und den Kanal nach Westen

Abb. 67 Innerer Rayon. Blick nach Osten über Kirche und Kanal zum Wasserbecken

Abb. 68 Innerer Rayon. Blick über das Viertel zwischen Bachemer- und Zülpicher Straße mit wissenschaftlichen Gebäuden, Volkswiesen und Sportplätzen

Abb. 69 Innerer Rayon. Blick quer zum Grünzug auf die Gruppen der wissenschaftlichen Gebäude

pen und Gärten, sowie mit einem rechts und links eines bis zum Stadtwald führenden Kanals angelegten Promenadenzug, bedeckten dann den inneren Grüngürtel und das nördliche Lindenthal. Tatsächlich ausgeführt wurden aber nur die Universitätsgebäude mit den dazugehörenden Sport- und Grünanlagen des inneren Grüngürtels, der Aachener Weiher mit den Bauten des Ostasiatischen Museums und des Japanischen Kulturinstituts sowie der Kanal mit den Promenaden und Grünanlagen an der Rautenstrauch- und der Clarenbachstraße.

Im Zusammenhang mit der von den Nationalsozialisten gegen Ende der dreißiger Jahre postulierten Neuordnung Kölns, die

Abb. 70 Riphahn-Häuser, Gleueler Straße 205 bis 209, von 1913

von der Stadt nicht viel mehr als die mittelalterlichen Kirchen und das Martinsviertel übriglassen wollte, stand die Planung eines KdF-Hotels der NS-Organisation »Kraft durch Freude« an der Ecke Universitätsstraße und Bachemer Straße. Der von dem Kölner Architekten Wilhelm Riphahn entworfene breitgelagerte Wohnkomplex mit seitlich angeschlossenen Querflügeln entsprach ganz dem damaligen Geschmack an monumentalen, streng symmetrischen, mitte betonten Repräsentationsgebäuden. Der Gemeinnützigen AG für Wohnungsbau (GAG) gelang die Realisierung des Komplexes wahrscheinlich wegen des beginnenden Krieges nicht.

Wilhelm Riphahn plante und errichtete in Lindenthal eine Vielzahl von Gebäuden, von denen die ältesten die Häuser in der Gleueler Straße 205 bis 209 sind. Für den Baustoffhändler Hubert Wolff und einen Herrn Wißkirchen schuf er 1913 eine differenziert gestaltete Häuserzeile. Stuckverzierte Fassaden, Erker, Giebel, Mansardendächer, die von der Dresdner Barockarchitektur übernommenen Ziervasen und besonders die durchgestaltete, zum Garten weisende Rückfront zeichneten das Ensemble aus. Heute sind die dreigeschossigen Mehrfamilienhäuser aufgrund der Kriegszerstörungen nur noch stark verändert erhalten.

Im gleichen Jahr entstehen für den Bauherrn L. Schumacher in der Scheffelstraße 19 bis 21 zwei schlichtere, in der niederrheinischen Backsteintradition stehende Mehrfamilienhäuser mit Kleinwohnungen.

Als überzeugendster Beitrag des Kölner Wohnungsbaus der dreißiger Jahre wird Riphahns im Auftrag der halbstädtischen Wohnungsbaugesellschaft GAG 1939 bis 1941 in der Birresborner und Bitburger

Straße errichteter Wohnblock bezeichnet. Der viergeschossige, an drei Straßen liegende Komplex mit seiner Loggienfassade, den Walmdächern und den im scharfen Gegensatz zum Leichtigkeit vermittelnden Gebäude plumpen Bruchsteinmauern um die Vorgärten ist heute noch weitgehend ursprünglich erhalten.

Wohnungsbaugesellschaften prägten das Baugeschehen in Lindenthal nicht so stark wie in anderen Kölner Vororten. Die bedeutendste, die bereits erwähnte Köln-Lindenthaler gemeinnützige Baugenossenschaft, errichtete die Häuser an der Gleueler Straße zwischen der Freiligrath- und der Sielsdorfer Straße, 1923 die Reihenhäuser in der Sielsdorfer Straße sowie den – allerdings bereits in Sülz befindlichen – großen Block an der Ecke Zülpicher und Mommsenstraße. Der Architekt war jeweils Franz Seuffert.

Nach dem Ersten Weltkrieg entstanden an der Kerpener und der Robert-Koch-Straße Bauten der Arbeiterwohnungsgenossenschaft Köln-Süd, der heutigen Gemeinnützigen Wohnungsgenossenschaft Köln-Süd. Die Kölner gemeinnützige Siedlungs-Vereinigung, die von 1920 bis 1942 existierte, baute 1925 in der Heimbacher und der Gemünder Straße unter dem Architekten Müller-Blondiau. Von dieser Vereinigung stammen auch die ebenfalls 1925 erbauten Häuser an der Ecke Sülzburgstraße/Zülpicher Straße.

Die Wohnhausgruppe Ecke Zülpicher und Gemünder Straße erstellte der Architekt Ludwig Paffendorf für die 1921 gegründete und bis 1963 bestehende Gemeinnützige Siedlungsgesellschaft »Neu Braunsfeld«.

In der Bedeutung für die Wohnbautätigkeit nicht zu unterschätzen ist die Attraktivität eines Ortes für sozial höhergestellte Persönlichkeiten. So führte beispielsweise 1934 die Verlegung der Universität vom Oberländer Ufer nach Lindenthal zu einer regen Wohnungsnachfrage unter Universitätsangehörigen. War bis dahin Marienburg der bevorzugte Wohnort – dort gab es sogar eine Pro-

Abb. 71 Einfamilien-Reihenhäuser in der Sielsdorfer Straße (um 1923 erbaut)

fessorenbaugenossenschaft –, so wurde das jetzt Lindenthal in verstärktem Maße. Für die Mediziner war das bereits vorher so, weil die Lindenburg von Anfang an die Universitätsklinik war. Professor Dr. med. Ferdinand Zinsser, der 1929 Rektor der Universität war, lebte schon zu Konrad Adenauers Zeiten in Lindenthal, und zwar im Eckhaus Haydnstraße/Max-Bruch-Straße. Als Professor Zinsser das Haus zu groß wurde, ließ er das Nachbarhaus Haydnstraße 7 bis 9 errichten und zog dort ein. Beide Häuser fallen besonders durch die vorgestellten Säulen auf. In unmittelbare Nähe zog Konrad Adenauer, der damalige Oberbürgermeister von Köln und erste Kanzler der Bundesrepublik Deutschland, nachdem er zuvor als junger Mann in der Klosterstraße und anschließend in der Friedrich-Schmidt-Straße gewohnt hatte. Noch vor dem Ersten Weltkrieg ließ er als Erster Beigeordneter das Haus Max-Bruch-Straße 6 bauen. In den zwanziger Jahren kam als Anbau die Hausnummer 4 hinzu; denn der nun Oberbürgermeister gewordene Adenauer mußte wegen seiner Repräsentationspflichten das Haus vergrößern. Der Garten der beiden Häuser erstreckte sich bis zur Kitschburger Straße; die dortigen Häuser standen noch nicht. Außerdem war das Eckgrundstück zur Dürener Straße hinzugepachtet und darauf ein Tennisplatz angelegt worden.

Abb. 72 Kleinsiedlungshäuser an der Gleueler Straße (zwischen Freiligrath- und Sielsdorfer Straße)

Die Rückseite des Hauses Nr. 4 schmückt unterhalb des Daches ein städtisches Wappen. Über dem Eingang des Hauses Nr. 6 befindet sich ein kleines Relief, welches drei Eulen darstellt; damit sollen nach Auskunft des ältesten Sohnes Konrad sein Vater, seine Mutter Emma, geborene Weyer, und er selbst gemeint sein.

Ein Rundtempel aus dem Adenauerschen Garten befindet sich heute im Garten des Hauses Kitschburger Straße 5.

Adenauers Nachbar in der Max-Bruch-Straße 8 war sein Beigeordnetenkollege Max Berndorff; er bewohnte sein Haus jedoch nur kurz und verkaufte es an einen jüdischen Mitbürger.

Durch die Ereignisse des Dritten Reiches ging das Eigentum auf den Staat und später auf das Land Nordrhein-Westfalen über. Die Familie Berndorff besaß innerhalb Lindenthals sehr viel Grund und Boden, so vor allem in der Franzstraße, wo sich die bekannten Berndorffschen Gärten befanden, an der Kitschburger Straße und auf der westlichen Seite der Max-Bruch-Straße bis zur Brahmsstraße durchgehend. Das letzte Haus in der Brahmsstraße am Stadtwald (Nr. 17) errichtete der Gründer und Inhaber der »Lustigen Kölner Blätter«, Pit Fries, in einer einem französischen Schloß, das er während des Ersten Weltkrieges kennen- und liebengelernt hatte, nachempfundenen Weise.

Ein ebenfalls auffallendes Bauwerk ist die in die Architekturgeschichte als »Haus Max Meirowsky« eingegangene Fabrikantenvilla. Dieses zu den bedeutendsten Kölner Bauten aus der Zeit vor dem Ersten Weltkrieg zählende Haus wurde 1910 von dem Architekten Ludwig Bopp als Gesamtkunstwerk an der Fürst-Pückler-Straße/Ecke Joeststraße errichtet. Eine Vielzahl damals berühmter Künstler (Peter Behrens, Fritz Erler, Otto

Gussmann, Fritz Schumacher und Georg Wrba) wirkten an der Außen-und Innenausstattung des vor dem letzten Krieg noch einen hohen Giebelaufbau und vier Ecktürme aufweisenden Hauses mit. – Max Meirowsky war Inhaber des Werkes, das heute in Porz unter dem Namen »Dielektra« firmiert. Unweit dieser Villa unterhielt die Stadt Köln in der Fürst-Pückler-Straße 58 ein Haus, das immer wieder hohen städtischen Würdenträgern als Wohnung diente.

Im vorderen Teil dieses Kapitels wird kurz angegeben, daß Lindenthal im Zweiten Weltkrieg besonders hart von Bomben getroffen wurde. Was aber sagen schon Zerstörungsgrade aus, wenn im heutigen Lindenthal so gut wie keine Kriegsschäden mehr zu sehen sind? Daten geben auch nichts wieder von den ausgestandenen Ängsten und Nöten der Betroffenen.

So sollen denn die Auszüge aus dem Tagebuch des 1883 geborenen, 1959 in Hohenlind gestorbenen Oberbaurats Hermann Beitzen an diese dunkle Zeit erinnern; er hatte seit 1918 in der Krieler Straße 58 gelebt.

Abb. 73 Brahmsstraße 17 (um 1924 erbaut, Foto von 1982)

Abb. 74 Fürst-Pückler-Straße 58 und 56 (erbaut um 1914); rechts: Villa Wilhelm Langen, erbaut vom Architektenbüro Ziesel und Friedrich. Heute befindet sich in dem Haus das Institut für Virologie

27. /28. 4. 1942
Schwerer Fliegerangriff auf die Kölner Innenstadt mit vielen Bränden bei starkem Sturm. In einem Feld bei Hohenlind gingen drei Bomben nieder.

Sonntag,
31. 5. 1942
Großangriff auf Köln! Eine furchtbare Nacht! Köln, wie es gewesen, gehört der Vergangenheit an! Auch Lindenthal ist diesmal schwer getroffen worden ... Bei uns nebenan brannte Wolfs Lagerschuppen vollkommen aus. Eine Brandbombe traf unser Haus, durchschlug das Dach, zwei Decken und ein Wasserrohr und landete schließlich im Badezimmer.
Wir nehmen die fliegergeschädigte und wohnungslose Familie Padberg auf.

1. 5. 1944
Bericht über die Schreckensnacht am 21. April 1944. Nach einer Woche friedlicher und schöner Tage in Uslar und Hildesheim fuhr ich in der Nacht zum Donnerstag, den 20. 4. 1944, um 3 Uhr von Hildesheim fast pünktlich ab und kam um 3/4 10 Uhr in Köln wieder an. Ich hatte noch 2 Tage Urlaub, die ich zur Gartenarbeit nutzen wollte. Wie gut, daß ich trotz Zuredens nicht noch einen Tag länger ausblieb. Tagsüber war mehrmals Alarm. In der folgenden Nacht (nach Hitlers Geburtstag, an dem überall geflaggt war und wir viel eher an einen Angriff auf Städte wie Berlin und München gedacht hatten) kam ein Großangriff auf Köln. Selbst im fast luftdicht abgeschlossenen Luftschutzkellerraum hörten und spürten wir das ununterbrochene Brummen der Flugzeuge, das Krachen, Heulen und Bumsen der Bomben. Als ich mich mal ins Erdgeschoß wagte, war vor und hinter dem Haus alles vom Feuerschein erhellt und in Rauch gehüllt. Eine Unzahl von Häusern brannte in unserer Nähe, in der Krieler Straße, Scheffelstraße, Bachemer Straße, Kinkelstraße und in weiterer Umgebung. Starker Funkenflug herrschte. Nachdem ich auf den Speicher gelaufen war, konnte ich feststellen, daß unser eigenes Haus vom Feuer verschont blieb. Lediglich die große Fensterscheibe im Wohnzimmer und eine Scheibe im Treppenhausfenster waren mal wieder zu Bruch gegangen, die Hoftür eingedrückt, die Verdunkelung zerrissen. Sämtliche Fenster im Anbau standen geöffnet nach innen, sie waren vom Luftdruck von selbst aufgesprungen (wohl mangelhaft verschlossen). Nach einiger Zeit kam Udo hereingesprungen, um sich nach uns umzusehen. Er war mit Josel in ihrer Wohnung ebenfalls verschont geblieben, hatte aber die Wohnung vor Funkenflug schützen müssen, da vom letzten Angriff noch Fensterscheiben fehlten. Das Haus gegenüber, wie auch die Eckhäuser Wirtschaft Andres und Drogerie Undorf, brannten. Udo hat die ganze Nacht kräftig mit gelöscht und gerettet, auch im Haus Krieler Straße 32 (früher Schmitz-Lindemann) einen Brand erstickt. Phosphorbomben waren vor und hinter unserem Nachbarhaus Wolf und in den Hof von Herzogs gefallen. Auch beim Bäcker (früher Dauben) brannte es, wurde aber bald gelöscht. Ausgebrannt ist auch das etwas zurückliegende Haus gegenüber (Teppichreparatur), das Haus Kinkelstraße von Ott (wo auch Frau Schmitz-Lindemann wohnt; und total geschädigt ist), das Bürohaus Prof. Pirlet, nachdem ihr Wohnhaus früher ausgebrannt war. In der Kinkelstraße sind allein 10 Häuser ausgebrannt. Von unseren wenigen Bekannten sind Hohmanns (Adlerapotheke), Dürener Straße, total ausgebrannt, ebenso Schiefers am Lortzingplatz, der ein vollständiges Trümmerfeld bildet, ferner Marianne geb. Meyer (Virchowstraße), Familie Emil Meyer (Theresienstraße)), Arch. Reg. Bmstr. Hartmann (Krieler Straße), Dr. Sebastiani (Bachemer Straße), das Pfarrhaus St. Stefan, der Turmhelm von St. Stefan (Kirche schon früher zerstört), die priv. Saalkapelle vollständig zerstört. Eckermanns haben schwere Gebäudeschäden. Frau Dr. med. Ower ist mit sechs anderen Bewohnern im LSR ums Leben gekommen. Sie haben Volltreffer bekommen und sind

anscheinend nach Gasrohrbruch erstickt, denn sie haben bis zum folgenden Nachmittag noch Klopfzeichen gegeben. Zwei kleine Töchter, die sie einige Tage vorher in den Schwarzwald gebracht hatten, sind übriggeblieben; der Mann war voriges Jahr gestorben. Mathilde Schollein ist in der Worringer Straße, wo sie voriges Jahr nach Zerstörung ihres eigenen Hauses Wohnung gefunden hatte, total ausgebrannt. Sie hat den Alarm nicht gehört (infolge Schlafmittel?), hat im Bett liegend erst etwas gemerkt, als im Nebenraum die brennenden Balken einstürzten. Ausgebrannt ist auch das Kino Dürener Straße, wie überhaupt ganze Häuserreihen an der Dürener Straße.

Da verschiedene Krankenhäuser ausfielen, wurden viele Kranke nachts nach Hohenlind gebracht. Frau Schäfer (Gärtnerin), die dort lag und am folgenden Morgen operiert werden sollte, mußte statt dessen wieder nach Hause transportiert werden. In den folgenden Tagen die üblichen Erscheinungen: Kein Wasser, Gas, elektrisches Licht, Telefon, elektrische Bahnen fuhren nicht. Man merkt erst dann, wie hilflos man in der Großstadt ohne solche Einrichtungen ist. Besonders das Fehlen von Gas ist für uns schlimm, da wir nur Gasherd haben und nur für den Notfall ein kleines Wochenendöfchen aufgestellt haben. Das Bild des Grauens, das Köln bisher schon bot, hat sich nun noch auf andere bisher noch weniger betroffene Stadtteile ausgedehnt. Es ist wieder drückend, in einer solchen Trümmerstadt sein Leben fristen zu müssen. Und doch sind wir darauf gefaßt, daß auch die restlichen Teile von Köln noch drankommen. Wir selbst sind in unserer Familie bisher vom Glück begünstigt und können nicht dankbar genug sein. Unser Haus steht noch, und alle drei Jungen und ein Schwiegersohn sind draußen noch am Leben. Was mag uns der Krieg in seinem weiteren Verlauf noch bescheren?

Im ganzen werden bezüglich des Angriffs vom 20./21. 4. 1944 gemeldet:

1 500 Sprengbomben
50 Minen
100 000 Stabbrandbomben

20 000 Phosphorbomben, an Toten ca. 700 (ohne Ausländer und Wehrmacht), verhältnismäßig wenig, wie auch bei sämtlichen früheren Angriffen in Köln (ca. 6 000). Nach

Abb. 75 Die zerstörte Theresienstraße

Erfahrungen in anderen Städten ist sonst die Zahl der Toten in der Regel gleich der der Sprengbomben.

In Lindenthal sind diesmal verhältnismäßig wenig Sprengbomben und Minen gefallen, infolgedessen wenig gänzlich zerstörte Häuser und Tote, hauptsächlich Brand- und Phosphorbomben mit entsprechenden Bränden. Außer den oben genannten sind ganz oder zum Teil ausgebrannt: sämtliche Eckhäuser an der Haltestelle Dürener Straße/ Lindenthalgürtel und zahlreiche Häuser am Stadtwaldgürtel. Im Gegensatz zu all dem Schaurigen und Häßlichen steht unser Gärtchen im schönsten Frühjahrs-Blütenschmuck, besonders die Kirschbäume im reinsten Weiß!

Eine Tatsache wird von allen Kölnern berichtet: Die Leute im Luftschutzkeller lernen wieder beten! Ein Bekannter vom Hansaring, wo eine Unzahl Sprengbomben und Minen ringsumher gefallen, wodurch das vierstökkige Mietshaus durch ständiges Wanken und Krachen erschüttert und schließlich eingestürzt ist, erzählt, daß sämtliche Insassen auf der Erde gelegen und gebetet haben!

Wir haben ständig Alarme und Bombenangriffe, jetzt meist am Tage, so daß man sich kaum auf einen Weg außerhalb des Hauses traut.

Am 27. September Lindenthal wieder schwer angegriffen, hauptsächlich Gegend zwischen Theresienstraße und Maifeld, am 5. 10. Braunsfeld und Deckstein. Es heißt, Köln wird nicht geräumt, aber auch nicht zur offenen Stadt erklärt. Wie sich das auswirken wird, kann man nur ahnen. Man kann nur Gott vertrauen.

Sonntag, 22. Oktober 1944 wurden wir nach der Messe im Caritas-Krankenhaus von einem Großalarm überrascht. Als wir nach Hause gingen, war auch Lindenthal schwer getroffen, auch einige Häuser in der Krieler Straße und in der Umgebung zerstört, u. a. Nr. 32 – Schmitz-Lindemann –, wo es auch mehrere Tote gegeben hat. Unser Haus erhielt wieder einen Gebäudeschaden, insbesondere die Dachdeckung. Am folgenden Samstag, 28. Oktober, wurde am Tage wieder Lindenthal schwer getroffen. In der Krieler Straße sind die Häuser Hahn, Curig und Nehrlich zerstört. Bomben fielen auch in den Garten: eine in die Ecke hinter den Anbau, eine Bombe verschüttete den Ausgang vom Bunker gegenüber bei Heimes (Krieler Straße 58), in dem Elisabeth und Edgar waren.

Nachdem am folgenden Sonntagnachmittag bei schönstem Wetter einzelne feindliche Flieger über Lindenthal kreisten, anscheinend um Aufnahmen zu machen, kam in der Nacht vom 30./31. Oktober (Montag/Dienstag) der gefürchtete Großangriff, der die westlichen Vororte, so auch ganz Lindenthal in Schutt und Asche legte.

Elisabeth und Edgar waren im Bunker gegenüber bei Heimes, ich in unserem eigenen Keller mit Mietern Schweinheim. Eine 3/4 Stunde lang heulten und krachten die Bomben ohne jede Unterbrechung auf uns herunter, der Keller bebte und wankte, man hörte Mauern stürzen, der Luftdruck war so stark, daß er unverständlicherweise auch in den abgeschlossenen Luftschutzraum kam, der Rahmen der Luftschutztür wurde durch Sog gebrochen und die Tür dauernd aufgerissen.

Wir versuchten mit aller Kraft die Tür zuzuhalten, um ein Eindringen von Staub zu verhindern, was aber nicht ganz gelang. Wir banden die Tür schließlich mit einem dicken Strick an den eisernen Träger im L. S. R. fest. Elisabeth und Edgar hatten ähnliches drüben im Bunker gemacht.

Als der Angriff vorüber war, dachten wir, wir wären verschüttet. Man war erstaunt, oben noch etwas vorzufinden. Der Anbau brannte lichterloh in allen vier Räumen, das Vorderhaus stand (Sparre gebrochen), doch fast die ganze Dachdeckung war fort, Fenster und Türen zerstört und der Deckenputz heruntergerissen. Es brannte das ganze Haus Wolf, die Trümmer von Hahns, Curigs, Nehrlich und so gut wie alle Häuser waren mehr oder weniger zerstört und brannten. Ein schauerlicher Anblick in der Nacht. Nur mit enormen Anstrengungen bekamen wir das Feuer am Treppenhaus durch Einschlagen der Treppenstufen und Wegreißen aller brennbaren Holzteile zum Halten. Wasser hatten wir aus dem Wasserbecken im Garten Abelens.

Auch im Elternschlafzimmer züngelten an einer Stelle die Flammen aus dem Fußboden und konnten mit Wasser aus der Badewanne gelöscht werden. Das Ergebnis war, daß der Anbau total ausbrannte mit allem Inhalt, insbesondere den Betten, die für Ursula bestimmt waren, während das Vorderhaus in seinen Mauern und Decken erhalten blieb. Die Möbel, die wir vorsorglich mit Hilfe von Stadtbaurat Bongartz auf die Straße und in Schäfers Garten geschleppt hatten, brachten wir nachts doch wieder ins Haus. Leichter Regen hatte eingesetzt. Den Rest der Nacht verbrachten wir notdürftig im Bunker drüben und in unserem Haus. Am folgenden Tag konnte man den Umfang der Zerstörung genau erkennen. Ganz Lindenthal war zertrümmert, Straßen und Gärten von Bomben umgewühlt, die Bäume zerfetzt. In der Krieler Straße lag ein dicker Kastanienbaum quer über der Straße. Am folgenden Morgen ging ich zum Dienst ins Stadthaus, ständig über die Trümmer in den Straßen kletternd, noch war keine Straße bis zur Neustadt ohne weiteres passierbar. Als ich nachmittags nach Hause kam, war Josel da, man plante noch am gleichen Nachmittag mit 2 Leiterwagen nach Köln-Rath zu wandern, was ich aber für körperlich nicht möglich erklärte und deshalb auf den folgenden Tag verschoben wurde. Die Nacht verbrachten wir noch im offenen Haus, Elisabeth auf Sofa, Edgar auf Chaise, ich im L. S. R., während ständig noch Zeitzünder explodierten. Anfang der Nacht erlebten wir noch im Bunker drüben einen Angriff auf Klettenberg.

Am folgenden Morgen, 1. November, Allerheiligen, fuhr ich mit Rad zum Dienst, bzw. trug das Rad über Trümmer bis zum Grüngürtel. Elisabeth und Edgar wollten dann im Laufe des Morgens die Fahrt nach Rath machen, kamen dabei dauernd in Großalarm. Als ich mittags vom Stadthaus mit dem Rad erst nach Brück, dann nach Rath fahren wollte, überholte ich auf der Hängebrücke Elisabeth und Edgar mit ihrem Leiterwagen voll geretteter Habe. Ich lud mein Rad auch noch darauf und zog mit Edgar vorgespannt den Wagen noch drei Stunden lang nach Rath, bei Regen und bei gleich starkem Schweißregen vom vornübergebeugten Kopfe, ständig in Angst, in die Dunkelheit zu kommen. Unser Ziel war Rösrather Straße 629, wo Josels Eltern wohnten, nachdem auch sie in Ehrenfeld ausgebombt waren. Der Erschöpfung nahe wurden wir freundlich aufgenommen, verpflegt und drei Nächte beherbergt, wobei zwei Personen in der Küche auf Matratzen am Boden schlafen mußten, einer auf Sofa in der Küche. Am zweiten Tag kamen Gretel und Hans Koch, nachdem sie – um sich nach uns umzusehen – mit Motorrad in Lindenthal gewesen waren und die Bescherung gesehen und unsere Adresse am Hauseingang gelesen hatten. Wir beschlossen, am folgenden Tage nach Brück überzusiedeln.

Das Weihnachtsfest verlebten wir zum erstenmal nicht im eigenen Heim, ohne Kinder (außer Udo und Josel), ohne Edgar, ohne unsere große Krippe.

Schmerzlich war, daß wir gar keine Post zu Weihnachten erhielten. Alle trauern mit uns um unser verlorenes Heim in Lindenthal, in dem wir 26 Jahre gelebt haben. Nun ist Lindenthal wie ausgestorben, alle Nachbarn und Bekannten fort, kein Geschäft mehr, kein Gas, Wasser, elektrisches Licht. Außer den Hauptverkehrsstraßen Dürener Straße und Gürtel bleiben die Straßen vorläufig unaufgeräumt liegen.

Unsere größeren Möbel stehen noch im Haus mangels Transport und Unterstellmöglichkeit und verkommen langsam, ein trauriger Anblick! Schnee liegt in allen Räumen. Der Garten, der uns und anderen so viel

Freude gemacht, hat einen großen Bombentrichter und ist mit Schutt hoch bedeckt.
1945
Was wird uns das neue Jahr bringen? – Endlich den ersehnten Frieden und die uns verheißene bessere Zukunft?
Am 7. Januar 45 (Sonntagmittag) erfolgte ein Angriff auf Rath, wohl als Folge einer am Vortage hier einquartierten Transportkolonne mit vielen Fahrzeugen. Durch eine Bombe schräg gegenüber wurde unser Haus so schwer beschädigt, daß nur noch die Küche notdürftig benutzbar blieb.
Man wird immer bescheidener, bis schließlich auch der Sarg geräumig genug ist.
Am 24. Januar erfolgt der Ausfall aller normalen Eil- und D-Züge und die Einführung der Briefsperre, d. h. es dürfen nur noch Postkarten verschickt werden (außer Feldpost).
Februar 1945. In den nächsten Wochen wurden die Verhältnisse immer schlimmer in jeder Beziehung, während die Front immer näher rückte unter dem ständigen Donner der Geschütze. Täglich mehrmals Großalarm und Bombenwürfe. Die Fahrerei zum Dienst wird sinnlos, es gibt keine Arbeitsmöglichkeit mehr, ich melde mich deshalb krank und beantrage Pensionierung. Ein paarmal fahre bzw. gehe ich unter schwierigsten Verhältnissen nach Lindenthal, schöpfe das vom Regen und tauenden Schnee in den Zimmern stehende Wasser mit Fegeblech in Eimer, decke mit Hilfe einiger Herren vom Büro notdürftig das Dach wieder etc.
Am Mittwoch, 28. 2., bin ich zum letztenmal linksrheinisch bezüglich amtsärztlicher Untersuchung und Pensionierung. Nachdem ich um 15 Uhr über die Hängebrücke nach Deutz gegangen, stürzt sie zwei Stunden später von selbst ein, Menschen, Wagen, Autos, alles was gerade drauf war, stürzt mit in den Rhein.
Am Freitag, 2. 3., erfolgte noch ein schwerer Bombenangriff auf Köln.
Am 6. März (Dienstag) bekomme ich unter großen Schwierigkeiten und nach langem Suchen nach einer Stadtverwaltung meine Pensionierung. Noch am gleichen Nachmittag um 17 Uhr fahre ich von Heumar ab nach Hildesheim. Es war der letzte Zug, der Köln verließ, während auf den Ausfallstraßen die Soldaten rückwärts zogen und die schwere Artillerie hinter Rath stand und nach linksrheinisch schoß, wo die Amerikaner bereits bis zum Rhein vorgedrungen waren. Die Hohenzollernbrücke wurde von uns gesprengt.
(Am 12. Juni 1945 kehrten Herr und Frau Beitzen nach Köln zurück.)
In Köln-Deutz aussteigend gingen wir zu Fuß bis zur Frankfurter Straße, von wo die Bahn uns nach Brück brachte. Kochs trafen wir nicht in ihrem Hause an, da es von den Amerikanern beschlagnahmt war, sondern bei Nachbarn wohnend. Große Überraschung und freudige Begrüßung – sie hatten noch nicht das Geringste aus Hildesheim gehört. Keiner meiner privat beförderten Briefe von Hildesheim war angekommen. Merkwürdigerweise kam ein Brief von uns eine Stunde nach unserer Ankunft bei ihnen ins Haus. Vom Schicksal unseres Hauses in Lindenthal wußten sie nichts. Baldiger Aufbruch zu Fuß nach Rath, wobei wir unser Gepäck auf unserem Leiterwagen fahren konnten, den Kochs bei unserer Abreise nach Hildesheim an sich genommen hatten. Bei Balensiefers erfuhren wir – er war tags zuvor zufällig in Lindenthal gewesen –, daß unser Haus noch stand und noch niemand – wie das an der Tagesordnung war – sich dort eingenistet hatte. Das war wesentlich und erstmal beruhigend. Am folgenden Morgen zunächst zur Registrierung in Deutz mit stundenlangem Schlangestehen und Schikanierung der früheren PGs. Wir bekamen die Registrierscheine nicht gleich mit, sondern mußten eine nebensächliche Arbeit verrichten fürs Arbeitsamt und am anderen Morgen wiederkommen. Wieder stundenlanges Warten. Alles reine Schikane, aber nicht durch die Amerikaner, sondern durch dort beschäftigte deutsche Mädel mit herrischem Ton und Benehmen! Traurig. Dann zur Entlausung im Deutzer Bahnhof. Ohne Entlausungsschein kam man nicht über die von den

Amerikanern gefertigte Notbrücke nach linksrheinisch. Alle fünf stolzen Rheinbrükken lagen zerstört im Wasser – ein trauriger Anblick! Nachträglich hörten wir, daß man Entlausungsscheine auch hintenherum kaufen konnte oder von anderen leihen, da keine Namenseintragung vorgenommen wurde.

Am 14. Juni waren wir zu Fuß nach Lindenthal und dann wieder zurück nach Rath gegangen, da keine Fahrgelegenheit, auch nicht die K-Bahn nach Königsforst existierte. Aufgrund des Befundes in Lindenthal waren wir entschlossen, nicht noch mal nach Hildesheim zurückzufahren, wie wir anfangs beabsichtigt hatten, sondern sofort nach Lindenthal in unser Haus überzusiedeln, da die Gefahr war, daß sich sonst jemand Fremdes einnistete, wie das jetzt üblich war, den man nachher nicht wieder hinauskriegte. Eine Fahrgelegenheit zu finden war schwierig. Schließlich Pferdefuhrwerk aufgetrieben gegen Bezahlung von 100 RM und 20 Zigaretten im Schwarzhandel (nur für solche Fälle gekauft à 6 Mark).

Die Krieler Straße ist durch querüberliegende Kastanienbäume und durch große Bombentrichter Ecke Scheffelstraße versperrt. Wir müssen einen Umweg über Lindenthalgürtel und Gleueler Straße machen. Beim Einbiegen in die Krieler Straße bleibt plötzlich die Ladung an einem niedrigen, quer über die Straße gespannten Telefondraht hängen – fast gab es dadurch ein Unglück. Schließlich – angelangt vor Nr. 58 – war es geschafft; ein Pflasterstein fiel mir vom Herzen.

Die Sachen, Möbel, Kisten und Kasten notdürftig im Hause verstaut, denn es ging darum, erst mal den allergrößten Wirrwarr und Schutt zu beseitigen, um ein Kampieren für die Nacht zu ermöglichen. Kochen taten lobenswerter Weise an den ersten Tagen Schäfers für uns mit. Die nächsten Wochen und Monate wurde von morgens bis abends anstrengend geschafft …

Trotzdem die vier Monate unseres Hierseins schwer und mühselig waren und für mich gesundheitlich nicht gut, sind wir bezüglich der Behausung aus dem Gröbsten heraus und froh, den Schritt getan zu haben und nun wieder in unseren eigenen vier Wänden zu hausen.

Was unser bewegliches Eigentum anbetrifft, so haben wir zwar manches verloren, aber doch das Allermeiste noch behalten, wenn auch teilweise beschädigt. Alles in allem sind wir noch unendlich reich gegenüber solchen, die alles verloren haben. Der unglückliche Krieg ist durch den Zusammenbruch von ganz Deutschland beendet (8. Mai 45), die Naziherrschaft weggefegt mit ihren falschen Ideen, Korruption und Lügen, vor allem auch ihrer Verfolgung der Religion, ihrer Abkehr von Gott, ihrem Bestreben nach Weltherrschaft.

Übrigens: Das Krieler Dömchen steht noch. Es hat zwar auch Bombentreffer abbekommen, ist aber im Ganzen erhalten geblieben. Die Wiederherstellungsarbeiten sind bereits im Gange, insbesondere der Bau einer neuen, vergrößerten Sakristei …«

(Die Tagebucheintragung überließ uns freundlicherweise Herr Udo Beitzen, der Sohn des Verfassers.)

Ziegeleien an der Gleueler Straße und Autos aus Lindenthal – Gewerbe und Kleinindustrie

Industrie in einem Wohnvorort? Das scheint doch abwegig zu sein! Heute gibt es zwar im Nordteil Lindenthals sogenannte gemischte Bauflächen, in denen Gewerbetreibende ihre kleineren Betriebe errichtet haben, doch von größeren Werken oder gar von Industrie kann keine Rede sein. Dennoch ist dieser Abschnitt nicht unbegründet in dieses Buch eingefügt, gab es doch bis zum Zweiten Weltkrieg immer wieder Versuche, Industriebetriebe auch in Lindenthal anzusiedeln.

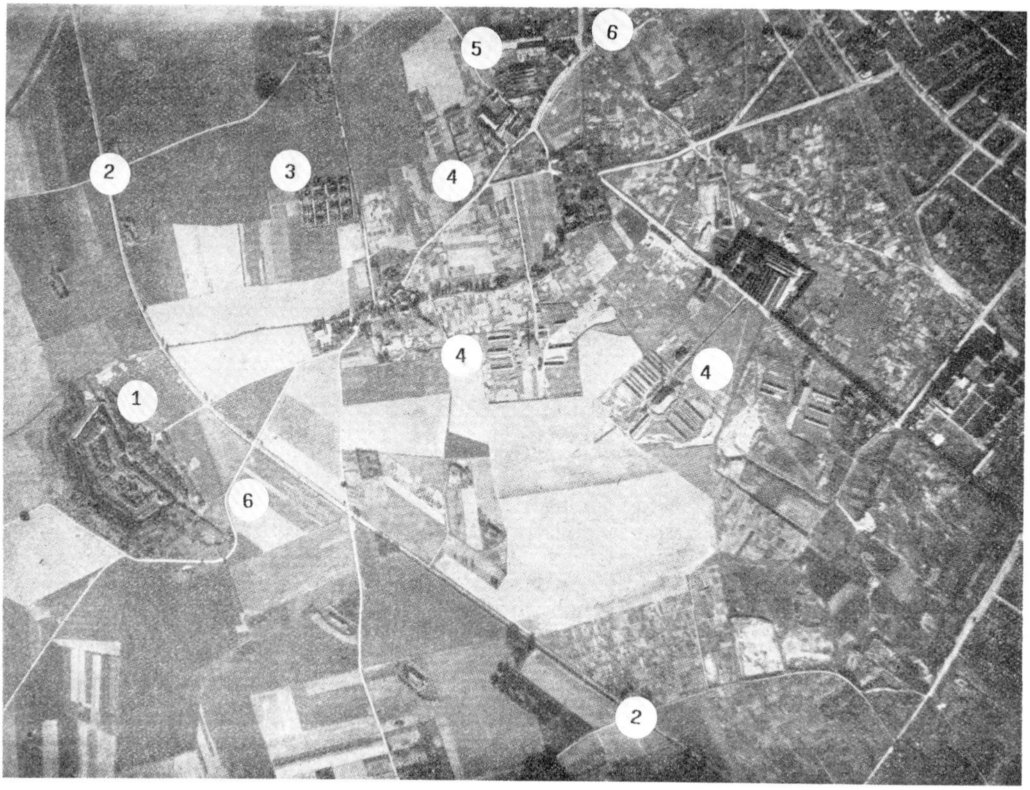

Abb. 76 Luftbild der Gegend von Kriel um 1918. 1. Fortanlagen, 2. Militärringstraße, 3. Friedhof Deckstein, 4. Ziegeleien, 5. Armaturen- und Thekenbaufabrik Kramer & Co., 6. Gleueler Straße

Schon zur Zeit der Römer gab es im südwestlichen Bereich Lindenthals Ziegeleien, die aber im frühen Mittelalter aufgegeben wurden. Durch den regelrechten Bauboom im vorigen Jahrhundert sahen sich geschäftstüchtige Landwirte aber veranlaßt, den Ackerbau aufzugeben und den unter den Äckern lagernden Lehm zur Bauziegelherstellung zu nutzen. Von der Freiligrathstraße an entlang der Gleueler Straße bis zum Anstieg der Mittelterrasse an der Decksteiner Straße reihte sich eine Feldziegelei an die andere.

Eine detaillierte Beschreibung eines Krieler Ziegeleibetriebes verfaßte S. Heimbach in seiner Plauderei »Rund um den Krieler Dom in der Jahrhundertwende«, aus der bereits an anderer Stelle zitiert wurde:

»... Neben ihr liegt Essers Ziegelei, der am Gleueler Bach, noch vor Deckstein, die Ostermannsche vorgelagert ist. Das Schaubild ist überall gleich. Mitten aus dem mit Trockenschuppen umlagerten Ofen reckt sich ein riesiger Schornstein gen Himmel. In zahlreichen Schuppen lagern auf Lattenrosten die ungebrannten Ziegel, und den Boden bedecken lange Bahnen frischgeformter Lehmbrocken. Die Ziegelei ist ein Handbetrieb, maschinelle Tätigkeit fehlt fast ganz. Die Loren, die den gestochenen Lehm zur Lehmhütte bringen, werden von Arbeitern gedrückt. An der Mühle schreitet ein Pferd in ermüdender Einförmigkeit immer im gleichen Kreise und bewegt mittels einer langen Holzstange das Mahlwerk. Der gemahlene Lehm wird in Holzformen, die jedesmal zwei Steine fassen, gefüllt und dann auf eine der Trockenbahnen gekippt. Nach einigen Tagen kantet man ihn und bringt ihn später in die Trockenschuppen, bis der Ofen ihn aufnimmt.«

Zwischen den Ziegeleien an der Gleueler Straße befanden sich eine Schmiede, eine Maschinen- und eine Stein- und Tongutfabrik, die aber insgesamt nicht mehr als 50 Arbeiter beschäftigten. Wesentlich bedeutungsvoller sind dagegen die folgenden sechs Betriebe gewesen, wenn auch diese während der ersten Hälfte dieses Jahrhunderts ihre Produktion einstellen oder in andere Stadtteile umsiedeln mußten.

Da ist zunächst die Gummifabrik Steinberg zu nennen, die mit ihrem alles in der Umgebung überragenden schwarzen Eisenschornstein dort an der Gleueler Straße stand, wo sich heute die Feuerwache befindet. Für die in ihr angefertigten Produkte schienen sich die Krieler Anwohner kaum interessiert zu haben, denn überliefert ist einzig, daß sie die dort beschäftigten Arbeiterinnen »Jummipöppcher« genannt haben und bedauerten, daß die in hübschen Kleidern und gepflegten Frisuren auffallenden Frauen nicht aus dem Ort stammten, sondern spätnachmittags nach dem Verlassen der Fabrik auch aus Kriel verschwanden.

Friedrich Winter, mittellos aus der Aachener Gegend eingewandert, pachtete 1874 eine alte Brauerei an St. Ursula. Bald aber reichte die Kapazität der Brauerei am Ursulakloster dem als Vorreiter des modernen Brauwesens bezeichneten Winter nicht mehr aus. So errichtete er in der Classen-Kappelmann-Straße eine neue Großbraustätte, die mit einem Jahresausstoß von 80 000 hl vor dem Ersten Weltkrieg zu einer der leistungsfähigsten Brauereien Kölns aufstieg, betrug die Kapazität der vielen kleinen Brauereien doch selten mehr als 3000 hl Bier. 1939 war sie der größte gewerbliche Betrieb in Lindenthal.

1888 nahmen die Allright-Fahrradwerke in Kriel ihre Produktion auf. Die Rennräder der Firma erlangten Weltruhm, so daß mittels der hohen Exportgewinne das Produktionsprogramm auf Metallmöbel erweitert werden konnte. Nunmehr nannte sich der

Abb. 77 Anzeige der Brauerei »Apostelnbräu« in dem Buch »Kölner Kneipen im Wandel der Zeit (1846 bis 1921)« von L. Macherey, Seite 64

Betrieb »Köln-Lindenthaler Metallwerke AG«. Zwischen 1908 und 1914 wagte man sich gar an den Automobilbau. Waren es zunächst nur äußerst primitive Motorrad-Ableitungen, die für den »kleinen Mann« gedacht waren, so entwickelte sich daraus letztlich doch ein hübsches Kleinwägelchen mit einem 7-PS-Zweizylindermotor und einer Höchstgeschwindigkeit von 55 km/h. Aber auch dieses Mobil fand keine besondere Resonanz, weil sich der »kleine Mann« lieber ein preiswerteres und problemloseres Motorrad kaufte, die Geburts- oder Geld-

Abb. 78 Anzeige des Brauhauses Friedrich Winter, ebenfalls aus »Kölner Kneipen im Wandel der Zeit«, Seite 49

BRAUHAUS FRIEDRICH WINTER, KÖLN

Im vorliegenden Teil des Werkes über die Stadt Köln, der über ihr wirtschaftliches Leben durch Einzeldarstellungen industrieller Unternehmen Aufschluß geben soll, muß auch des Brauhauses Friedrich Winter gedacht werden.

Seine fortschreitende Entwicklung in den fünfzig Jahren des Bestehens läuft parallel mit dem allgemeinen Aufstieg der Stadt. Aus kleinen Anfängen entstanden, umfassen die Winterschen Brauereianlagen, die in technischer Beziehung auf das modernste ausgestattet auf der Höhe der Zeit stehen, heute eine an der Classen-Kappelmann- und Bachemer Straße gelegene Grundfläche von 20 000 qm.

Lange Zeit war der Ruf der von den Kölner Brauereien produzierten Biere nicht der beste; dem einheimischen, viel gebrauten obergärigen Bier, konnten viele, namentlich Fremde, durchaus keinen Geschmack abgewinnen. Daß hierin Wandel geschaffen wurde, ist nicht zum Letzten das Verdienst des Brauhauses Friedrich Winter, das sich seit Jahrzehnten die Herstellung hochwertiger untergäriger Exportbiere angelegen sein läßt. „Winter-Pilsener" und „Winter-Münchener" haben nicht nur den Namen jener berühmten Biersorten übernommen; beide erreichen vollauf anerkanntermaßen die Güte der Pilsener und Münchener Vorbilder vollkommen und sie erwerben sich zusammen mit dem „Winter-Export" immer mehr Freunde, wie der stetig steigende Ausstoß zeigt.

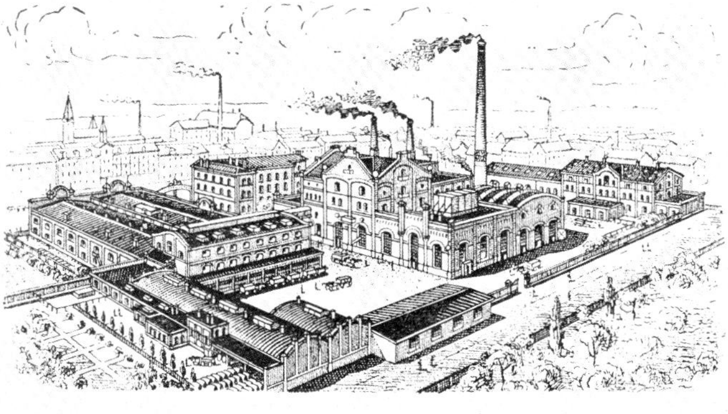

216

Abb. 79

Längst sind die Winterschen Biere in ihrem Absatz nicht mehr auf die Vaterstadt und deren nächste Umgebung beschränkt, von Jahr zu Jahr erweitert sich das Absatzgebiet und wenn Köln sich heute zu einem Produktionszentrum der Brauindustrie von einem Rufe wie etwa Dortmund zu entwickeln beginnt, so ist das nicht zuletzt der Güte der Winterschen Biere zuzuschreiben.
Es zeugt für die Festigkeit der wirtschaftlichen Grundlage und für die Beweglichkeit der Leitung auch in den letzten, gerade für die Brauindustrie so schweren Jahren, daß das Brauhaus Friedrich Winter sich ungeschmälert seine volle Selbständigkeit in einer Zeit bewahren konnte, in der die großen Brauereikonzerne im Streben nach „horizontaler Ausdehnung" eine Privatbrauerei nach der andern an sich zogen und in sich aufnahmen. Heute ist das Brauhaus Friedrich Winter die größte der noch im privaten Alleinbesitz befindlichen Brauereien des Rheinlandes.

217

Abb. 80

KÖLN-LINDENTHALER METALLWERKE

AKTIENGESELLSCHAFT

ALLRIGHT- UND CITO-FAHRRÄDER UND FAHRRADTEILE ALLRIGHT-MOTORRÄDER UND TIGER-FEDERGABELN

Die Gründung der Köln-LindenthalerMetallwerke erfolgte am 31. Januar 1899. Als Spezialität wurde die Fabrikation der sich inzwischen Weltruf erobernden Allright-Fahrräder u. Motorräder aufgenommen. Vor mehreren Jahren erwarben die Köln-Lindenthaler Metallwerke die Cito-Werke, welche ebenfalls die Fahrradfabrikation seit über 25 Jahren in großem Umfange betrieben haben. Seit der Vereinigung der beiden Werke werden die beiden, allgemein als erstklassig anerkannten Markenfahrräder Allright und Cito von den Köln-Lindenthaler Metallwerken in deren Großbetrieben hergestellt. Mit den modernsten Spezialmaschinen ausgerüstet und durch die vorzüglichen Fabrikations-Einrichtungen in ihren eigenen mechanischen Werkstätten: Schleiferei, Härterei, Löterei, Galvanisierung, Schlosserei, Emaillierung, Montage usw., verbürgen die Köln-Lindenthaler Metallwerke eine erstklassige Qualität ihrer Fabrikate. Der beste Beweis für die Qualität der Allright- und Cito-Fabrikate, als deren Hauptvorzüge die überaus große Zuverlässigkeit, Dauerhaftigkeit sowie höchste Formvollendung und Eleganz anzusehen sind, ist wohl der Umstand, daß die Fabrikate der Köln-Lindenthaler Metallwerke seit Bestehen bis auf den heutigen Tag einen so großen Absatz in sämtlichen Kulturstaaten der Welt erfahren haben und das der Abnehmerkreis täglich im Zunehmen begriffen ist. Die Betriebsanlagen ermöglichen eine Produktion von über 100000 Fahrrädern pro Jahr.

Montage

Rahmenschlosserei

Abb. 81

aristokratie sich hingegen lieber von einem Chauffeur in einer statussymbolträchtigen Karosse herumkutschieren ließ. – Die Firma hatte 1900 425 Arbeiter.
Ebenfalls überregionale Bedeutung besaßen das Waldorf-Astoria-Zigarettenwerk in der Bachemer Straße 29-31, die Rheinische Spinnerei- und Tricot-Fabrik des Herrn J. Classen-Kappelmann im Weyertal sowie die Süßwarenfabrik Sons & Co. Neben dieser größeren Süßwarenfabrik gab es bis zum Zweiten Weltkrieg noch zwei kleinere im Bereich Krieler, Gleueler und Franzstraße, von denen eine in den Kriegsjahren in eine Patronenhülsen-Produktionsstätte umgewandelt wurde.
Die größeren Werke verschafften mehr Arbeitern eine Beschäftigung, als es Arbeitskräfte in Lindenthal gab – setzte sich doch die Bevölkerung weitgehend aus Beamten, Angestellten und Selbständigen (rund 80%) zusammen. Trotz dieses Umstandes ist es erstaunlich, daß schon vor 1900 etliche ausländische Arbeitnehmer – in der Hauptsache Italiener und Polen – hier ihren Arbeitsplatz und in der Schlegelstraße ihren festen Wohnsitz hatten.
Einem Ausbau der Mittelindustrie standen die Wünsche sowohl der Stadt Köln, die eine Erweiterung der Grünanlagen zu Erholungszonen plante, als auch die der oft einflußreichen Lindenthaler Bewohner entgegen, die einen »Ehrenfeld-Effekt« zu vermeiden versuchten, bei dem sich um die Betriebe herum rasch dichtestbebaute Arbeiterviertel bilden und die dort dann angesiedelte einkommensschwache Bevölkerungsschicht mit ihrer rapide steigenden Personenzahl und nicht zuletzt auch mit ihren Wohngewohnheiten das vorher hohe Niveau des Stadtteils drastisch senkt.
Dermaßen in ihren Expansionsbestrebungen gebremst und obendrein im Zweiten Weltkrieg völlig zerstört, gab es für die Betriebe nur die Wahl, zu schließen oder an anderer Stelle neu zu eröffnen.
Eine einzige größere Fabrik vermochte es, in jüngerer Zeit, in Lindenthal Fuß zu fassen: die Maschinenfabrik Axmann KG in der Freiligrathstraße 35.
Der bereits 1909 in Ehrenfeld gegründete Betrieb zog 1960 in die vorher von der Thekenbaufirma Schuster & Cie. genutzten Fabrikationshallen, die ihrerseits der Arma-

Abb. 82 Werbung für das Allright-Rad auf einer Postkarte des Jahres 1903

Abb. 83 Der Allright-Kleinwagen mit luftgekühltem 7-PS-Zweizylindermotor, Baujahr 1912, Preis 3 000 RM

Für das „Handbuch von Köln"

Waldorf-Astoria-Zigaretten

Ihr Name und ihr besonderer Wert

Abb. 84

Abb. 85 ▶

DAS SEIT JAHREN BESTEHENDE WERK FABRIZIERT DIE BEKANNTEN SONDERERZEUGNISSE:

GEBRANNTE VANILLE-MANDELN
PFEFFERMINZ in ROLLEN
HUSTENBONBONS in BEUTELN und DOSEN
FRÜCHTE-CARAMELLEN mit feinsten FÜLLUNGEN

DIE PRODUKTION WIRD ZUM GRÖSSTEN TEIL DURCH DEN RENOMMIERTEN FACHGROSSHANDEL IN DEN VERKEHR GEBRACHT / PRINZIP DES UNTERNEHMENS IST DIE HERSTELLUNG HOCHWERTIGER QUALITÄTEN UNTER VERWENDUNG BESTER ROHMATERIALIEN

Abb. 86 Eingangstor der Firma Axmann

turen- und Thekenbaufabrik Kramer & Co. aus der Jahrhundertwende folgte. Auf einem von außen kaum einsehbaren Areal von rund 4000 qm werden hier etwa zwei Tonnen schwere Maschinen für die Aufbereitung von Gießsand produziert.

Kleinere Werk- und Fabrikationsstätten sind hauptsächlich im Lindenthaler Norden um den Melatener Friedhof angesiedelt. Dabei handelt es sich überwiegend um Betriebe, die Kraftfahrzeuge reparieren oder mit Zubehör ausstatten (Karosseriebau und -reparatur, Zylinderschleiferei, Tachometerreparatur und -eichung). Als wichtigster Produktionsbetrieb ist in der Oskar-Jäger-Straße (Verlängerung der Klosterstraße über die Aachener Straße zum Melatengürtel) die Kerzenfabrik Schlösser KG zu nennen. Weitere Kleinbetriebe sind mit Ausnahme derjenigen im ehemaligen Hofgut Kriel so in die Wohnbereiche integriert, daß man sie nur an den Firmenschildern, die an den Wohnhausfassaden angebracht sind, erkennen kann. In Hinterhöfen der Wohnhäuser, hauptsächlich an der Dürener, Bachemer, Gleueler und Zülpicher Straße, sind einige Firmen der Kfz-Branche (Kfz-Reparatur, Dachgepäckträger-Herstellung), des Verlagswesens (Druckereien, Verlage), des Baugewerbes (Fliesen, Klinker) untergebracht.

Von der Kolonialwarenhandlung zur Einkaufsstraße – Handel und Handwerk

In der Mitte des vorigen Jahrhunderts besaß jeder Ortsteil des heutigen Lindenthals ein gewisses »Geschäftsviertel«, das aus einer Kolonialwarenhandlung, die neben Lebens- und Genußmitteln auch andere Dinge des täglichen Bedarfs anbot, einer Bäckerei und oft auch aus einer Metzgerei, Schneiderei und einer Schusterwerkstatt bestand.
Solche Ansammlungen von kleinen Geschäften waren in Kriel an der Kreuzung Gleueler und Mommsenstraße, in Lind/Hohenlind an der Ecke Dürener und Dorfstraße, in Linderhöhe zwischen der Herbert-Lewin- und Schallstraße, in Melaten an der dem Friedhof gegenüberliegenden Seite der Aachener Straße, wobei hier neben den üblichen Geschäften noch solche vorhanden waren, die der speziellen Nachfrage der Friedhofsbesucher nach Blumen, Kerzen, Grabsteinen, Särgen u. ä. nachkamen.
Mit der Gründung und dem folgenden Ausbau Lindenthals sind die Freiflächen zwischen den oben aufgeführten Ortsteilen geschlossen worden. Die lokalen Gruppierungen von Geschäften des täglichen Bedarfs weiteten sich entlang der Siedlungsachsen – besonders der Dürener Straße – zu Geschäftsstraßen aus, in die sich sehr bald auch Geschäfte höherer Bedarfsstufen einreihten. Doch der Zweite Weltkrieg bedeutete einen Rückschlag. Die starke Zerstörung Lindenthals traf den Einzelhandel nachhaltig, erholt sich doch eine Vorortsgeschäftsstraße von solch tiefgreifenden Störungen weit weniger schnell als eine Citygeschäftsstraße, zu deren Wiederaufleben die Kräfte der ganzen Stadt beitragen. Es dauerte bis in die Mitte der 70er Jahre, ehe z. B. die Geschäftsreihe in der Dürener Straße von der Classen-Kappelmann-Straße bis zum Lindenthalgürtel geschlossen war.
Heute sind die Hauptverkehrsachsen Lindenthals – sieht man von der Universitäts-

Abb. 87 Ältere und neue Wohngeschäftshäuser an der Dürener Straße/Ecke Lindenburger Allee

und der Militärringstraße ab – gleichzeitig die wichtigsten Geschäftsstraßen.
Es genügt keineswegs, die Geschäftsstraßen nur aufzuzählen oder sie nebeneinander zu stellen; sie sind in ihrer Struktur viel zu unterschiedlich. Vier Bereiche sind hier zu differenzieren:

Südseite Aachener Straße,
Zülpicher Straße zwischen Weyertal und Lindenthalgürtel,
Dürener Straße von der Classen-Kappelmann-Straße bis zum Lindenthalgürtel
sowie der den Wochenmarkt an der Gleueler Straße mit der Dürener Straße verbindende Abschnitt des Lindenthalgürtels.

Von wenigen, den täglichen Bedarf deckenden Lebensmittelfachgeschäften wie Bäckereien, Feinkost-, Obst- und Gemüsegeschäften abgesehen, befinden sich an der Südseite der Aachener Straße hauptsächlich Geschäfte spezieller Art: Neu- und Gebrauchtwagen, Autozubehör, Heimwerkergeräte, Dekorationsstoffe, Särge und Grabmale u. a. Die Konzentration solcher Geschäfte, deren Bedeutung über die Grenzen Kölns hinausgeht, ist einzig in der guten Verkehrslage an einer breiten Ausfallstraße begründet.
Die Zülpicher Straße gehört – wie im Abschnitt über die Abgrenzung schon erwähnt – zum Funktionsraum Sülz/Klettenberg. Weil sie mit ihrer Nordseite zu Lindenthal gehört, vor allem aber, weil sie von einem nicht unerheblichen Teil der Lindenthaler Bevölkerung zum Einkaufen aufgesucht wird, beziehen wir die Zülpicher Straße ganz in die Betrachtung mit ein.
Auf einer Länge von etwa einem Kilometer sind 92 Geschäfte, 2 Banken (Dresdner Bank und Stadtsparkasse), 12 handwerkliche

Abb. 88 Neue Wohngeschäftshäuser an der Dürener Straße, in der Nähe des Karl-Schwering-Platzes

Dienstleistungsbetriebe (Schuster, Schneider, Hutmacher, Frisöre, Reinigungen und Druckereien) und 19 Gaststätten aneinandergereiht. Kaufhäuser, wie sie etwa in der City oder in Vororten wie Ehrenfeld, Nippes, Mülheim oder Kalk zu finden sind, gibt es hier nicht. Neben einem Möbelhaus stellen vier Supermärkte die größten Geschäfte dar. Etwa die Hälfte der kleinen Geschäfte versorgt die Bevölkerung mit Einholgütern (für den täglichen Bedarf). Die Geschäfte mit Einkaufsgütern haben ihr Warenangebot so sortiert und begrenzt, daß niedrige Preise der einzelnen Artikel die Kunden animieren sollen, dort zu kaufen und nicht in der verkehrsmäßig nahegelegenen City oder in den Einkaufszentren im Westen Kölns (Hürth-Park, Marsdorf, Weiden). Die Bemühungen, die Waren so preiswert wie noch vertretbar zu verkaufen und die Kleinflächigkeit der Läden bedingen eine enge Auswahl des Angebotes. Sicherlich ist auch in dieser Angebotsbegrenztheit eine Ursache dafür zu sehen, daß der Kundenkreis der Geschäfte an der Zülpicher Straße ständig abnimmt und zu den großen und modernen Einkaufszentren abwandert.

In der Stadtentwicklungsplanung von 1978 wird die Zülpicher Straße als nicht mehr ausbaufähig und in ihrer Bedeutung als Mittelbereichszentrum als rückläufig bezeichnet. Vergleicht man die heute an wirtschaftlicher Bedeutung verlierende Zülpicher Straße mit der an Attraktivität gewinnenden Dürener Straße, so kann man zu der Ansicht gelangen, die Bevölkerung im Einzugsbereich der Zülpicher Straße habe wohl eine andere Einkaufsmentalität als die an der Dürener Straße. Gestützt wird diese Ansicht durch die Feststellung einer unterschiedlichen Sozialstruktur; zum Beispiel wohnen im Einzugsgebiet der Zülpicher Straße prozentual zur Einwohnerschaft bedeutend mehr Bürger mit kleineren und mittleren Einkommen als im Bereich der Dürener Straße.

Der als Geschäftsstraße in Betracht kommende Teil der Dürener Straße ist ebensolang wie der entsprechende Teil der Zülpicher Straße. Allerdings drängen sich hier 130 Geschäfte, 5 Banken (Beamten-, Commerz-, Deutsche und Kölner Bank sowie die Stadtsparkasse), 15 handwerkliche Dienstleistungsbetriebe und 21 Gaststätten zusammen. Neben einem Kaufhaus (Woolworth) sind hier Fachgeschäfte für Fahrräder, Phono- und Fernsehgeräte, Computer, Fotoartikel, Haushaltwaren und Elektrogeräte, Eisen-, Leder-, Spiel- und Schreibwaren, Hobby-, Sport- und Freizeitartikel, Kleintierbedarf, Bekleidung, Dekorationsstoffe, Bücher, Tabakwaren und Spirituosen, Glas- und Porzellanwaren, Kunstgewerbe, Geschenkartikel und Blumen sowie Reformhäuser, Drogeriemärkte und ein Bestattungsunternehmen.

Die Palette der Geschäfte für den nicht täglichen Bedarf wird ergänzt durch eine Anzahl qualifizierter Handwerksbetriebe: Juweliere (3), Optiker (4), Orthopäden (2), Hutmacher (1), Schneider (2), Schuster (6), und Frisöre (4).

Für den täglichen Bedarf stehen der Bevölkerung neben mehreren Supermärkten (Aldi, DS, Kaiser's und Stüssgen) eine Vielzahl von Lebensmittelfachgeschäften wie Bäckereien (7), Metzgereien (4), Feinkost-(6), Kaffee- (3), Tee- (1), Obst- und Gemüsegeschäfte (3) zur Verfügung. Gaststätten, Cafés, Imbißstuben, Kioske, Reinigungen, Reisebüros und eine Galerie lockern die Aneinanderreihung der Geschäfte auf. In einer Gegenüberstellung der Geschäfte der Dürener mit denen der Zülpicher Straße fällt auf, daß die Geschäfte in der Dürener Straße weitaus lükkenloser aneinandergereiht sind, durchschnittlich eine größere Verkaufsfläche haben, aufwendiger ausgestattet sind, im allgemeinen mehr Bedienungspersonal im Verhältnis zur Verkaufsfläche beschäftigen, ein reichhaltigeres, qualitativ oft besseres und vor allem exklusiveres Warensortiment anbieten und ein wesentlich höheres Preisniveau aufweisen – selbst die größeren Supermarkt-Filialen verkaufen viele Artikel hier erheblich teurer als etwa die gleichnamigen Filialen in anderen Stadtteilen – als es in der Zülpicher Straße der Fall ist.

Des weiteren ist in der Dürener Straße die Vielzahl der Bekleidungsgeschäfte und auch der Banken augenfällig. Dies erscheint um so erstaunlicher, zieht man die Einwohnerzahl der jeweiligen Einzugsgebiete in Betracht: Dürener Straße etwa 18 000 und Zülpicher Straße etwa 22 000. Besorgen in der Zülpicher Straße nur zwei Banken die Geldgeschäfte der Einwohnerschaft, so sind es in der Dürener Straße fünf, und zählt man die beiden auf dem Lindenthalgürtel (Dresdner Bank und Stadtsparkasse) – weniger als 100 m von der Dürener Straße entfernt – hinzu, sind es gar sieben.

Ein Grund für den außergewöhnlich hohen Anteil der Bekleidungsgeschäfte (29 für Oberbekleidung, 2 für Unterwäsche/Mieder, 6 Schuhgeschäfte) an der Gesamtheit aller Geschäfte, nämlich rund ein Viertel, kann nur in einer anderen Einkaufsmentalität der sozial höher eingestuften Bevölkerungsschicht im Einzugsbereich der Dürener Straße liegen. Angeblich, so die Aussagen etlicher Geschäftsinhaber, ziehen die Kunden in diesem Bereich eine individuelle Beratung in einem kleineren Fachgeschäft dem »Gewühl an meterlangen Kleiderstangen und der oberflächlichen, unpersönlichen Bedienung in den Großkaufhäusern« vor. In der Hauptsache setzt sich die Kundschaft aus Stammkunden zusammen, deren Wünsche bekannt sind und denen auch Waren offeriert werden, die diese gar nicht kaufen wollten, von der »Fürsorge« und »Aufmerksamkeit« des Geschäftspersonals angetan, dann diese Dinge doch erwerben. Besonders deutlich tritt diese Art von Kun-

Abb. 89 Das Woolworth-Kaufhaus in der Dürener Straße

dendienst in den Feinkost-, Obst- und Buchhandlungen auf. Die Geschäftsinhaber der Feinkost- und Obstgeschäfte gehen beispielsweise kaum ein Risiko ein, wenn sie im Winter Erdbeeren aus Israel, Weintrauben aus Südafrika oder exotische, weitgehend unbekannte Früchte importieren. Die Stammkundschaft kauft, wird es ihr entsprechend anempfohlen, alles auf. In einer Buchhandlung ist es sogar Usus, daß der Geschäftsführer für einen Stammkundenkreis sämtliche neuerscheinenden Bücher einer bestimmten Thematik besorgt und diese dann seinem »erfreuten« Publikum – natürlich gegen Bezahlung – weiterleitet. Um obendrein dem Unternehmen noch einen Hauch an Exklusivität zu verleihen, sind die Bücher für diesen besonderen Kundenkreis stets von den Autoren handsigniert. Das andeutungsweise beschriebene Fluidum dieser so manchen merkantilen Regeln widersprechenden Geschäftsstraße erhält wohl die Vitalität im Gegensatz zur wirtschaftlich stagnierenden Zülpicher Straße.

Der mitunter verbreiterte Mittelstreifen des Gürtels wird an einigen Stellen für das Abhalten von Wochenmärkten genutzt. Auch Lindenthal besitzt solch einen Markt, der an der Kreuzung Gleueler Straße/Lindenthalgürtel jeden Dienstag und Freitag stattfindet. Landwirte aus der näheren Umgebung (Sielsdorf, Stotzheim, Gleuel) und Händler, die im Großmarkt ihre Waren ersteigert haben, bieten Grundnahrungsmittel, Blumen und mitunter auch Stoffe und Hausrat an. Auch hier sind die Preise höher als auf dem Klettenberg-Markt, obwohl dieselben Verkäufer dort mittwochs und samstags die gleichen Waren anbieten.

Abb. 90 Die Galerie »Atelier 109« in der Dürener Straße

Zwischen der Dürener und der Gleueler Straße entwickelte sich in den letzten 30 Jahren auf dem Lindenthalgürtel eine 500 m lange, allerdings lückenhafte Geschäftsstraße. In einem stärkerem Maße als in anderen Geschäftsbereichen sind hier Geschäfte vertreten, deren Waren nur gelegentlich gekauft werden: Farben, Tapeten, Dekorationen, Elektro- und Haushaltwaren, Gemälde und Devotionalien. Zur Zeit erfährt dieser Bereich einen Attraktivitätsschub: zum einen durch den Bau eines modernen, weitläufigen, hellen Supermarktes, zum anderen durch spezielle Einrichtungen wie das exklusive Eisgeschäft an der Ecke Gleueler Straße, das – wenn auch recht teuer – bisher unbekannte und exotische Eissorten und Eisprodukte anbietet, oder das schräg gegenüber auf der anderen Gürtelseite befindliche Bocksbeutel-Weinlokal.

Neben den vorhin erwähnten Handwerkern, die ihre Erzeugnisse im angegliederten Geschäft verkaufen, bietet auch eine Anzahl weiterer Handwerksbetriebe Leistungen an, die aber nicht so ohne weiteres unter die Rubrik »Handel« einzuordnen sind, im weiteren Sinne aber auch Dienstleistungen erbringen: Autoreparaturwerkstätten, Elektro- und Sanitär-Installationsbetriebe, Schreinereien, Schlossereien, Maler- und Anstreicher-, Fotokopier- und Schnelldrukkerei-Betriebe. Die relativ hohe Zahl an Fotokopier- und Schnelldruckerei-Betrieben – allein auf der Zülpicher Straße existieren fünf solcher Betriebe – ist in der großen, durch die Studenten hervorgerufenen Nachfrage begründet und durch die Nähe der Universität bedingt.
Etliche der »echten« Handwerksbetriebe sind aus alteingesessenen hervorgegangen.

In einer Aufstellung des Jahres 1861 sind für Kriel aufgeführt:

1 Seilerei,
2 Schneidereien,
3 Schusterwerkstätten,
4 Bäckereien,
1 Töpferei,
1 Schmiede,
1 Räder- und Stellmacher.

Im Laufe der Zeit und auch des technischen Fortschritts wichen einige der damals wichtigen Handwerkszweige neueren Sparten. So lösten Karosseriebauer, Zylinderschleifer, Auto-Reparaturwerkstätten die Räder- und Stellmacher sowie die Schmiede ab.

Von der Pferdebahn bis zu verkehrsberuhigten Zonen – Straßen und Verkehr

Straßen

Zwei wichtige Straßen für den Handelsfernverkehr führten während der Römerzeit von Maastricht über Jülich (Aachener Straße) und von Lüttich über Aachen und Düren (Dürener Straße) nach Köln. Mit dem Untergang des Römischen Reiches verwahrlosten auch die Straßen. Der Hanse-Verkehr im Mittelalter erschloß die Hauptverkehrswege erneut; vom 17. Jahrhundet an verfielen die Anlagen jedoch wieder.
Im vorigen Jahrhundert wurde die Aachener Straße zwar bis zum Kölner Zentralfriedhof Melaten gut ausgebaut, westlich davon aber verlief sie, wie auch die Dürener Straße, nur als baumgesäumte wenig befestigte Chaussee. Die Straßen waren, konnte man sie überhaupt so benennen, bis 1888 in einem desolaten Zustand. Die Beschaffenheit der Verkehrswege beschreibt in dem 1916 erschienenen Buch »Die Stadt Köln im ersten Jahrhundet unter preußischer Herrschaft« G. Neuhaus – zusammengefaßt – so: »... in keiner Gemeinde hatte man auf die Hauptverkehrsrichtung ausreichend Bedacht genommen und weder breite Hauptstraßen noch freie Plätze, Promenaden und öffentliche Anlagen geschaffen oder solche in Aussicht genommen. In Lindenthal versickerten die beiden durchfließenden Bäche (Frechener und Gleueler Bach) im Boden. In Linderhöhe hatte man an eine geordnete Entwässerung gar nicht gedacht. Hierzu kam noch, daß die Vororte untereinander keine eigentliche Verkehrsverbindung hatten, da es keine geordneten Straßen von einem Ort zum anderen gab.«
Auch mit der Straßenbeleuchtung sah es dürftig aus. Erst 1888 wurden in der Dürener und der Gleueler Straße Gaslaternen installiert. In den anderen Straßen blieben bis in dieses Jahrhundert hinein vereinzelte Petroleumlaternen angebracht, die von nebenberuflichen Laternenanzündern in Gang gehalten wurden.
In der Auffassung, daß die Vororte ohne den Anschluß an Köln verkümmern müßten, aber auch, daß für ihr ferneres Gedeihen die Stadt auf die Vororte angewiesen sei, bildete die Stadt Köln eine Kommission, die sich des Ausbaues der Verkehrswege und der Kanalisation annahm.
Die vorhandenen Radialstraßen wurden ausgebaut und neue angelegt. Anschließend schuf man peripherisch verlaufende Ringstraßen: die erste, von der Innenstadt aus gesehen, verläuft an der Grenze des inneren Rayons und sorgt für die Entwässerung der Vororte (Innere *Kanal*straße); die zweite verbindet die linksrheinischen Vororte Bayenthal, Zollstock, Klettenberg, Sülz, Lindenthal, Braunsfeld, Ehrenfeld, Neu-Ehrenfeld, Bilderstöckchen, Mauenheim, Nippes und Riehl – vom Rhein zum Rhein – miteinander (Gürtel); die dritte schließlich, die sich nur auf die westlichen und nordwestlichen Vororte von Sülz bis Bilderstöckchen beschränkt (Mommsenstraße, Kitschburger Straße, Maarweg, Äußere *Kanal*straße) nimmt, wie die innere Ringstraße auch, die Abwassermengen der angrenzenden Stadtteile auf.

Abb. 91 Dürener Straße um 1910

Die Stadt Köln war nicht nur bestrebt, die neuen Vororte verkehrsmäßig an sich zu binden oder mit den Nachbarorten zu verknüpfen, man legte auch Wert auf die Ausbildung eines funktionsfähigen Verkehrswegenetzes innerhalb der Vororte. Im Zuge dieser Maßnahmen war es auch möglich, auf den festen und verbreiterten Straßen Schienen zu verlegen und den Bahnverkehr aufzunehmen. Mit dem verstärkten Aufkommen des Individualverkehrs nach dem Zweiten Weltkrieg mußten die Gleiskörper aus den Straßen im inneren Lindenthal wieder entfernt werden. Nur an der Nord- und an der Südflanke (Aachener bzw. Zülpicher Straße) sowie auf dem Gürtel verkehren heute noch Straßenbahnen.
Um den Individualverkehr möglichst fließend zu halten, wurden in den letzten Jahren erhebliche Anstrengungen unternommen. Besonderes Augenmerk galt dabei dem Ausbau der Universitätsstraße, die, nachdem Universitätsbibliothek, Hörsaalgebäude und Philosophikum dem Hauptgebäude gegenüber auf der anderen Straßenseite errichtet worden waren, auch noch tiefer gelegt werden mußte, um somit den Straßenverkehr vom »Universitätsverkehr« zu trennen. Trotz aller Verbesserungen ist die Leistungskapazität dieser Straße erschöpft. Viele Verkehrsteilnehmer versuchen daher, über Nebenstraßen schneller vorwärtszukommen. Dem wiederum begegnet die Stadt mit Verkehrsberuhigungsmaßnahmen, indem einerseits durch ein System von Einbahnstraßen ein geradliniges Vorankommen verhindert wird und andererseits Straßen mit querliegenden Fahrbahnerhöhungen und Hindernissen (z. B. Blumenkübel) für den Durchgangsverkehr gesperrt werden. Solch eine Maßnahme wurde zuerst 1978 in der Schlegelstraße, dann – zaghaft – in der Krieler Straße und neuerdings auch in der Scheffelstraße durchgeführt.
Zu einem besonders engen Nadelöhr hat sich die Dürener Straße entwickelt. Welche Umgestaltungen die Stadtverwaltung auch unternimmt – ob vier – oder zweispurig, ob mit oder ohne Lade- und Parkbuchten, ob separater Radweg oder mit den Fußgängern gemeinsamer Weg –, stets hagelt es Beschwerden: einmal seitens der Verkehrsteilnehmer, ein anderesmal seitens der Geschäftsleute, und schließlich seitens der Anwohner. Endlose Autostaus und abgasverpestete Luft trüben das Bild der ansonsten vitalen und blühenden Geschäftsstraße.
Probleme wirft aber nicht nur der fließende

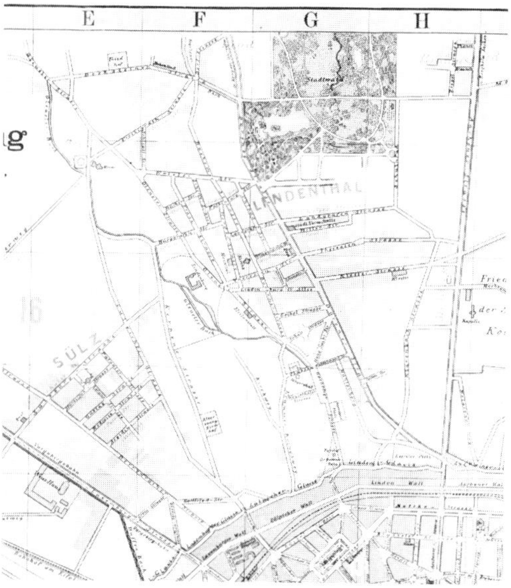

Abb. 92 Um 1900

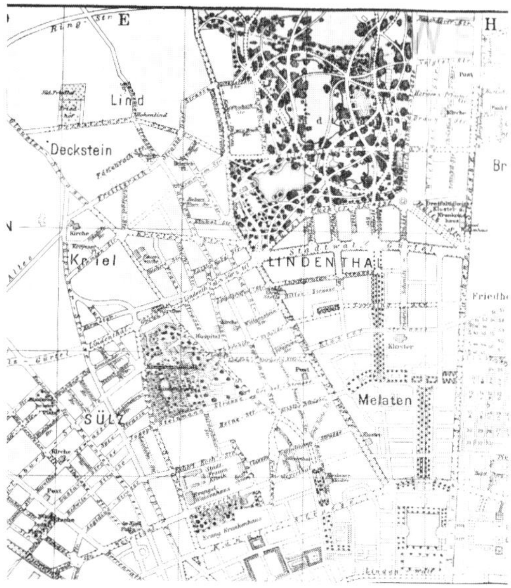

Abb. 93 Um 1930

Verkehr auf, schier unlösbare Probleme bringt auch der ruhende mit sich und das besonders im Südost-Bereich Lindenthals, der von der Gleueler Straße und dem Lindenthalgürtel abgegrenzt ist. Tausende Universitätsangehörige und Krankenhausbesucher stellen ihre Fahrzeuge, weil die Parkmöglichkeiten auf dafür vorgesehenen Plätzen längst nicht ausreichen, auf Fußwege oder an Straßenränder, so daß der fließende Verkehr stark behindert wird. Letztlich beeinträchtigt das den Wert des Wohnumfeldes außerordentlich.

Verkehrs- und Transportmittel

Die Bevölkerung in Lindenthal bestand, wie schon des öfteren erwähnt, auch im vorigen Jahrhundert zum größten Teil aus Angestellten und Beamten, deren Arbeitsplätze überwiegend im Innenstadtgebiet lagen. Der Reiz einer guten Wohnlage allein vermochte es nicht, im größeren Umfang Einwohner aus der Innenstadt zu einer Zeit nach Lindenthal zu locken, als es noch keinen Individualverkehr größeren Umfanges gab.

Die Stadt Köln hatte vor der Eingemeindung 1888 kein Interesse an der Errichtung öffentlicher Verkehrslinien; es war privaten Unternehmern vorbehalten, ein Pferdebahnnetz von der Innenstadt in die Vororte zu legen. Die preußische Verwaltung hingegen erkannte die Notwendigkeit einer Pferdebahn und erlaubte unter Umgehung der unentschlossenen Stadt Köln schließlich im Frühjahr 1877 dem Weinhändler Consul Ernst Hardt, der eine Gesellschaft unter Beteiligung von Kapitalgebern (überwiegend aus Antwerpen) gegründet hatte, unter Benutzung der Provinzialstraßen, über die der preußische Staat verfügen konnte, Bahnlinien von Köln nach Ehrenfeld, Nippes, Lindenthal und nach Bayenthal zu bauen. Im Oktober 1877 fuhr die erste Pferdebahn durch das Hahnentor nach Melaten und im November desselben Jahres nach Lindenthal. Alle 30 Minuten verkehrte in der Zeit von 6.30 bis 23.00 Uhr ein 20 Personen fassendes Pferdebahngefährt zwischen Köln und Lindenthal, und in gleichen Abständen, allerdings nur für maximal 15 Personen, zwischen Köln und Melaten. Mit dem Aufkommen dieser Verkehrsverbindung schnellte die Einwohnerzahl Lindenthals rasch in die Höhe. Bald schon reichte die Pferdebahn für die Bewältigung des Personenverkehrs nicht mehr aus.

Als eine Verbindung der Frechener Braunkohlengruben und Brikettfabriken mit der Staatsbahn in Köln-Ehrenfeld konzipiert, errichtete man von 1891 bis 1894 eine 11,6 km lange Kleinbahn. Parallel zu einer normalspurigen Güterbahn wurde zwischen Benzelrath und Lind eine auf Schmalspurgleisen fahrende Personenstrecke angelegt. Von Lind aus fuhr die Güterbahn durch den Stadtwald über Braunsfeld nach Ehrenfeld; die Personenbahn durchfuhr die Dürener Straße, schwenkte dann in die Hans-Sachs-Straße, um schließlich in fast gerader Linie über die Bachemer und die Lindenstraße in der Schaafenstraße zu enden. 1904 ging die Frechen-Benzelrather-Eisenbahn in den Besitz der Stadt Köln über, die zehn Jahre später die Schmalspurgleise gegen einen zweigleisigen Bahnkörper und die mit Dampfkraft betriebenen Personenzüge gegen elektrische Bahnen auswechselte.

Diese neue Linie F erhielt auch eine neue Führung: Benzelrath – Frechen – Lind – Dürener Straße – Universitätsstraße – Aachener Straße – Flandrische Straße – Hohenzollernring. Die Güterbahn verlängerte man in den zwanziger und dreißiger Jahren über Ehrenfeld hinaus bis zum Niehler Hafen. Seit dem 13. Juni 1966 zieht den »Klüttenzoch« eine Diesellok durch den Stadtwald, mit der eine Waldbrandgefahr vermieden wird.

Die Vorortbahn Linie F, die als Köln-Frechen-Benzelrather-Eisenbahn in den Fahrplänen – neben den städtischen auch in den staatlichen – genannt wurde, führte immer ein gewisses Eigenleben; selbst die Uniformen des Personals sind bis heute an die der Bundesbahn angepaßt.

Aus der Linie F ist mittlerweile die Linie 2 geworden. Sie fährt, von Frechen kommend, über die Dürener Straße bis zum Gürtel, biegt zur Aachener Straße ab, passiert die Innenstadt, Deutz und Kalk und hat ihre rechtsrheinische Endstation in Ostheim.

Bis zum Ersten Weltkrieg installierte die Stadt Köln in Lindenthal weitere elektrifizierte Bahnlinien, so daß der Lindenthaler Bevölkerung drei Bahnverbindungen zur Verfügung standen. Aus dem Straßenbahnbericht über die Jahre 1908/09 ist die durchschnittliche tägliche Personenbeförderung statistisch erfaßt. Demnach fuhren auf den Strecken

Lindenthal – Kalk	16 025 Personen,
Lindenthal – Mülheim	12 499 Personen,
Lindenthal – Neumarkt	3 414 Personen

täglich.

Die Zahlen der beiden ersten Linien sagen dabei kaum etwas über die Stärke der Frequentierung durch die Lindenthaler Bevölkerung aus, schließlich stiegen Lindenthaler Bürger auch vor der Endhaltestelle aus und andere Bürger im Bereich der Stadt Köln zu. Einzig die dritte Strecke gibt Auskunft über die Inanspruchnahme der Vorortbahn durch Einwohner aus dem Untersuchungsraum. Bei einer Einwohnerzahl von rund 18 000 im Jahre 1908 bedeuten die tagesdurchschnittlichen Personenbeförderungszahlen einen Hinweis auf einen sehr hohen Mobilitätsgrad. Zieht man in Betracht, daß 1908 von den 18 000 Einwohnern in Lindenthal etwa die Hälfte erwerbstätig war und die Arbeiterschaft (ca. 25%) zum großen Teil in Lindenthal selbst beschäftigt war, dann kämen ungefähr 6750 Personen in Frage, die als Pendler mit einer Arbeitsstätte außerhalb Lindenthals die drei Bahnstrecken in Anspruch nahmen. Die hohe Benutzungsfrequenz der Lindenthaler Straßenbahnlinien führte 1930 zum Einsatz von zwei Buslinien zwischen

Lindenthal und Gremberg (9,95 km) sowie
Lindenthal und Höhenberg (10,45 km).

Von 1950 an fand eine Verlagerung vom öffentlichen zum Individualverkehr statt, die dazu führte, daß Bahnlinien stillgelegt wurden und durch das innere Lindenthal nur

Pferde-Eisenbahn.

A. Von Köln nach Ehrenfeld, Nippes, Melaten, Lindenthal, Bayenthal und umgekehrt.

Die ersten Wagen gehen von Köln und den vorgedachten Außenorten vom 1. April bis 30. September einschl. um 6 1/2 Uhr, und vom 1. October bis 31. März um 7 1/4 Uhr Morgens ab. Die letzten Wagen gehen von Köln um 11 Uhr, von den Außenorten um 10 1/2 Uhr Abends ab. Die einzelnen Wagen fahren in folgenden Zwischenräumen:

Von **Köln** nach				à Pers. ₰
Ehrenfeld und umgek.	alle	8	Min.	15
Nippes	„	15	„	15
Melaten	„	30	„	15
Lindenthal	„	30	„	20
Bayenthal	„	20	„	20

Bei der Abfahrt nach 10 Uhr Abends tritt ein Zuschlag von 10 Pfg. ein. Kinder unter zehn Jahren, so wie Schüler auf dem Wege von und nach der Schule zahlen die Hälfte der Sätze, und zwar bei einem Fahrpreise von 15 bis 25 Pfg. = 10 Pfg.

B. Von Deutz nach Kalk und umgekehrt.

Vom **1. April** bis **30. September** Abfahrt

von Deutz:	7 Uhr — Min. Morgens.	
„ Kalk:	6 „ 20 „ „	
	6 „ 45 „ „	
	7 „ — „ „	

Abfahrt von Deutz:

10 Uhr — Min. Abd.	10 Uhr 45 Min. Abds.
10 „ 15 „ „	11 „ 15 „ „
10 „ 30 „ „	letzter Wagen.

Abfahrt von Kalk:

10 Uhr — Min. Abd.	10 Uhr 45 Min. Abds.
10 „ 15 „ „	letzter Wagen.

Vom **1. October** bis **31. März** Abfahrt

von Deutz:	7 Uhr 30 Min. Morgens.
	7 „ 45 „ „
	8 „ — „ „
von Kalk:	7 Uhr — Min. Morgens.
	7 „ 15 „ „
	7 „ 30 „ „
	7 „ 45 „ „
	8 „ — „ „

Abends nach 10 Uhr dieselben Fahrten wie im Sommer.

In den Sommer-Monaten von 7 Uhr Morgens und in den Winter-Monaten von 8 Uhr Morgens bis 10 Uhr Abends fährt jede 1/4 Stunde von Deutz und von Kalk je ein Wagen ab.

Das Fahrgeld beträgt:

Von Deutz (Schiffbrücke) bis Kalk (Rheinischer Bahnhof) . . . . 20 Pfg.

Innerhalb Deutz (Von der Schiffbrücke bis Mülheimer Thor) . . . . . 10 „

Innerhalb Kalk (vom Uebergang der Deutz-Gießener Bahn bis zum Rheinischen Bahnhof) . . . . 10 „

Von 9 1/2 Uhr ab fahren die Wagen nur bis an die letzten Häuser in Kalk. Bei der Abfahrt von 10 Uhr Abends an werden die Fahrpreise um die Hälfte erhöht. Kinder unter 10 Jahren zahlen bei einem Fahrpreise

von 10 bis 20 Pfg. = 10 Pfg.

von 30 Pfg. = 15 Pfg.

Allgemeine Bemerkungen.

Kinder, welche auf dem Arme getragen werden, sind frei. Polizeibeamte, Telegraphen- und Postboten im Dienste werden kostenfrei befördert.

Abonnements für Schulkinder, nur an Wochentagen gültig, für 4mal tägliche Fahrt pro Monat . . . . 4 M.

do. für 2mal tägliche Fahrt pro Monat . . . . 3 „

Abonnements für Post-, Eisenbahn- und Telegraphen-Beamten an den Wochentagen für 2mal tägliche Fahrt pro Monat . . . . 4 „

do. für 4mal tägl. Fahrt an den Wochentagen pro Monat . . . . 6 „

Die Direction: E. Hardt & Cie. CÖLN, Georgsplatz 10.

Abb. 94 Fahrplan der Pferdebahn aus dem Jahr 1879

Abb. 95 Dampf-Personenwagen der Frechener Bahn auf Schmalspur um die Jahrhundertwende

Abb. 96 Seit 13. Juni 1966 Güterbetrieb nur noch mit Dielselloks: hier ein Zug im Kölner Stadtwald

Abb. 97 Köln-Frechen-Benzelrather Eisenbahn, 1911

noch zwei Busverbindungen von Deckstein (146) und Hohenlind (136) zum Neumarkt verkehren. (In den 50er Jahren wurde die damalige Buslinie 36 als Oberleitungsbus betrieben.) Straßenbahnen fahren noch über

Abb. 98 Die Linie 15 auf der Zülpicher Straße, 1934

den Gürtel und die von dort stadtauswärts führende Dürener Straße sowie über die Lindenthal flankierenden Verkehrsadern Zülpicher und Aachener Straße.
Neben den öffentlichen Verkehrsmitteln bemühten sich bereits seit 1839 Droschkenfahrer um die Gunst der Fahrgäste. Eine Fiakerfahrt von Melaten oder Lind nach Köln kostete für eine bis vier Personen 1876 zwei Mark. Etwa ab 1900 verdrängten Automobildroschken die Pferdegespanne. Die ersten Motorfahrzeuge wurden ausschließlich mit leisen und umweltfreundlichen Elektromotoren betrieben; nach 1911 tauchten die ersten Benzindroschken auf.
Neben der sich über das gesamte Kölner Gebiet erstreckenden Taxi-Ruf Köln e.G., die am Zülpicher Hof (benannt nach einem früheren Gasthof am Lindenthalgürtel) und am Stadtwaldgürtel (Ecke Dürener Straße) zwei Taxi-Stände mit Ruf-Säulen unterhält, gibt

Abb. 99 Endstation der Linie 2 am Stadtwald, 1935

Abb. 100 Die Bahn der Linie 13 auf dem Lindenthalgürtel, 1935

es heute in Lindenthal noch vier weitere Mietwagen-Firmen.
Aber nicht nur im Personenverkehr engagierten sich neben den öffentlichen Trägern Privatiers: auch auf dem Sektor des Transports von Massen- und Stückgut bemühte man sich, Lücken zu füllen. Von der Mitte des vorigen Jahrhunderts bis weit in das gegenwärtige hinein zogen Pferde mit großrädrigen Karren gebrannte Ziegel von den

Abb. 101 Ein Briketthändler aus Frechen, von den Kölnern »Klütteboor« genannt, auf der Dürener Straße vor dem Stadtwald-Restaurant

Abb. 102 Ziegeltransport gegen Ende des 19. Jahrhunderts

Abb. 103 Auch Wilhelm Rosellen begann 1882 mit 1 PS

Ziegeleien zu den Baustellen in Lindenthal und vor allem in die Neustadt Kölns oder »Klütten« von den Händlern zu den Haushalten.

Einer dieser Fuhrleute hat es geschafft, eine heute noch erfolgreiche Spedition ins Leben zu rufen: Wilhelm Rosellen, Fuhrunternehmer und Kartoffelhändler, begann 1882 neben den üblichen Massengütern auch Möbel zu befördern. Das geschah zunächst mit einem gepolsterten, rundum verschlossenen, von einem oder zwei Pferden gezogenen Wagen. Wenn Steigungen auf dem Transportweg überwunden werden mußten, lieh man sich beim Bauern zwei weitere Ackergäule aus und schaffte vierspännig dann jedes Hindernis. Nach dem Ersten Weltkrieg lösten Traktoren die Pferde ab. Die mächtigen Zugmaschinen mit bis zu acht angehängten, vollgummibereiften Wagen durften damals noch führerscheinfrei gelenkt werden.

Mit Spezialisierung und schnellen Reaktionen auf Marktwandlungen konnte eine Firma aufgebaut werden, die nicht nur eine Menge reißfester Pappkartons besitzt und starke Männer beschäftigt, sondern auch Schreiner, die Möbelstücke fachgerecht in ihre Einzelteile zerlegen und anschließend wieder zusammensetzen können, qualifizierte Porzellanpacker, ja sogar ausgebildete Bibliothekare, was sich bei etlichen Umzügen von Universitätsinstituten und besonders beim Umzug der Fachhochschule von

Abb. 104 Das Stammhaus der Spedition Rosellen in der Herderstraße 91

Abb. 105 Der heutige Betrieb in der Gleueler Straße

Deutz mit über einer Million Büchern als notwendig erwies. Der Familienbetrieb M. u. P. Rosellen hat seit über sechzig Jahren sein Büro und die Garagen in einem Bau an der Gleueler Straße 186, der in seiner Größe und Architektur einen Gegenpol zum gegenüberliegenden prächtigen Gebäudekomplex der Lindenthaler Feuerwache bildet.

Abb. 107 Ein Zug aus dem Jahre 1934

Abb. 106 1920 lösten Traktoren die Pferde ab

Abb. 108 … und 1950

Die grünen Oasen – Grünflächen, Freizeit- und Erholungsbereiche

»Je unwirtlicher die Wohnumwelt ist, je weniger ist sie zur Ausübung von Freizeitaktivitäten geeignet und verweist die Bewohner der Stadt während der Woche auf die Isolierung in ihren Wohnungen, am Wochenende auf die Flucht in die außerstädtischen Freiräume.« Diese Feststellung steht in der Einleitung zur Freizeitentwicklungsplanung für Köln und in ähnlicher Weise auch im Stadtentwicklungsplan München. In den meisten deutschen Großstädten ist die Wohnumwelt trist. Um sich in ausgedehnten Grünanlagen erholen zu können, bedarf es meist längerer Anmarschwege, die wochentags kaum aufgenommen werden können. Im Vergleich mit anderen Großstädten der Bundesrepublik Deutschland wird Köln zwar nur von Bremen in bezug auf die Grünfläche (in m^2) je Einwohner übertroffen – wie die kleine Auflistung zeigt –, der Durchschnittswert täuscht aber darüber hinweg, daß ein Großteil der Kölner Bevölkerung diesen ausgewiesenen Freiraum an Werktagen nur schwerlich nutzen kann. Die ca. 140 000 Einwohner des Kölner Innenstadtbezirks z. B. haben mit Ausnahme des Inneren Grüngürtels keinen näheren Zugang zu größeren Grünanlagen. Mit 14 m^2 Grünfläche je Einwohner ist dieser Stadtteil Kölns stark unterversorgt. Lindenthal erscheint dagegen mit einem Verhältnis von 118 m^2 Grünfläche je Einwohner als ein überaus gut mit öffentlich zugänglichen Freiflächen versorgter Stadtteil. Etwa die Hälfte des Lindenthaler Areals ist von Parkanlagen, Friedhöfen, Sport- und Spielplätzen, Kleingärten und verkehrsberuhigten Freiflächen eingenommen. Dieser Umstand darf jedoch nicht als etwas Selbstverständliches betrachtet werden, etwa, weil vielleicht ein natürliches Waldgelände zur Verfügung gestanden hätte, das nur noch für die Öffentlichkeit erschlossen werden mußte, wie es beispielsweise im linksrheinischen Kölner Norden im Chorbusch oder rechtsrheinisch in der Wahner Heide und im Königsforst geschehen ist. Die Freizeit- und Erholungsbereiche Lindenthals wurden allesamt planmäßig entworfen und großenteils in ehemalige landwirtschaftliche Flächen gesetzt oder im übrigen bei der Umgestaltung von veralteten Verteidigungsanlagen geschaffen. Sicherlich wären auch diese Freiräume längst von der Bebauung verdrängt worden, richteten nicht Stadtplaner und Bürger ihr Augenmerk auf die Wahrung des Grüns und versuchten nicht, das weitere Vordringen von Verwaltungs-, Wohn- und Universitätsbauten in die Grüngürtel zu verhindern. In den Erläuterungen zum Leitplan der Stadt Köln, 4. Ausfertigung 1974, stößt man in Seite 18 unter der Überschrift »Planung Südweststadt Lindenthal« auf die Aussage: »Die Tatsache, daß einzelne Ortsteile stark zusammengewachsen sind und keine klare Gliederung mehr erkennen lassen, läßt sich kaum korrigieren. Jedoch sollen zum Ausgleich die noch verbliebenen Freiflächen weitgehend einer Durchgrünung dienen und der Ausbau des Inneren Grüngürtels

Grünflächenvergleich deutscher Großstädte

Hamburg	17,7 m^2/E
München	22,2 m^2/E
Köln	24,4 m^2/E
Essen	14,3 m^2/E
Düsseldorf	15,2 m^2/E
Dortmund	15,9 m^2/E
Stuttgart	13,9 m^2/E
Bremen	31,9 m^2/E
Hannover	19,6 m^2/E
Köln-Innenstadt	14,0 m^2/E
Köln-Lindenthal	118,0 m^2/E

Nach Angaben des Statistischen Jahrbuchs deutscher Gemeinden, 61. Jahrgang 1975

besonders gefördert werden.« Das ständige, wenn auch nur allmähliche Zurückweichen des Grüns in Lindenthal soll also beendet werden, beeinflußt doch das Vorhandensein von Grünflächen das Stadtklima günstig, bietet gewissen Schutz gegenüber Verkehrslärm und -immissionen und ermöglicht der Bevölkerung das Gestalten ihrer Freizeit mit sportlichen und erholsamen Betätigungen (Wandern, Laufen, Rudern, Spielen usw.).

Lindenthal bzw. Kriel war, wie auch die Sage um Hildebold und Karl den Großen zu berichten weiß, inmitten von Eichen- und Hainbuchenwäldern gelegen. Die Wälder erstreckten sich im Mittelalter recht nahe bis an die Mauern der Stadt Köln heran. Im Jahr 1474 wurde – das läßt Ökologen und uns vom Umweltschutzgedanken Geprägte erschaudern – der Krieler Wald aus Verteidigungsgründen geopfert. Karl der Kühne von Burgund überzog zu der Zeit das Kölner Erzbistum mit einem blutigen Krieg. Um den Angreifern die Möglichkeit zu nehmen, sich im Schutz der Bäume der Stadtmauer zu nähern, beseitigten die Kölner kurzerhand den die Sicht nehmenden Wald.

Die ersten Grün- und Freiflächen auf dem Gebiet des heutigen Lindenthals wurden schon zu Beginn des 19. Jahrhunderts geschaffen: die Kitschburganlage, die 1895 bis 1898 in den Stadtwald einbezogen worden ist und der Friedhof Melaten. Da heute alte Friedhofanlagen als Erholungsräume aufgelassen werden, ist hier auch der ehemalige Geusenfriedhof am Weyertal anzuführen; der 1576 entstandene Reformiertenfriedhof ist die zweitälteste Grünanlage Lindenthals. Die älteste ist der schon zur karolingischen Zeit genutzte und 1869 geschlossene Kirchhof des Krieler Domes. Der für die Krieler Gemeinde dann in Deckstein angelegte Friedhof wurde 1917 für Bestattungen geschlossen. Heute ist er ein stiller, kleiner Park in einem ebenso ruhigen, vornehmen Wohngebiet. Die Erschaffung der eigentlichen öffentlichen Grünanlagen begann nach der Schleifung der Stadtmauer 1881, als zunächst die vor der Mauer liegenden, gern für Feierabendspaziergänge genutzten Wälle und Gräben neuen Verkehrswegen und Wohnbauten weichen mußten, mit dem Erlös durch den Verkauf dieser Gemarkungen aber die Anlage von größeren Parks gefördert werden sollte.

1895 legte der Gartenbaudirektor Adolf Kowallek der Kölner Stadtverordnetenversammlung einen Entwurf für die Errichtung des Stadtwaldes vor, nachdem auf einem Areal von 400 Morgen (100 ha) Wald-, Wiesen- und Wasserflächen, Sport- und Spielplätze angelegt werden sollten. Das Gebiet zwischen Aachener, Dürener, Kitschburger und Militärringstraße kaufte die Stadt für 1,84 Millionen Mark, ließ in drei Jahren von durchschnittlich 300 Arbeitern nahezu 300 000 Bäume pflanzen und Wege, Wiesen, Spiel- und Sportplätze anlegen. Insgesamt wies die Schlußabrechnung für den Stadtwald über 2,5 Millionen Mark aus. Mit dieser Anstrengung erhielt Köln seinen ersten Großpark, litt doch die Stadt – was Parkanlagen betrifft – bis dahin darunter, als alte Stadtdemokratie, an der das »Fürstenbarock« zwangsläufig vorübergegangen war, keine ausgedehnten Parks und Gärten in ihrer näheren Umgebung zu haben, wie Bonn, Düsseldorf, Stuttgart oder München. Bis 1910 wurden am Stadtwald Umgestaltungen und Erweiterungen vorgenommen. Die Stadt ließ eine Radfahrbahn und Tennisplätze, weitere Wasserflächen sowie ein Wildgehege anlegen. Von ursprünglich 100 ha ist der Park zur volksparkähnlichen Anlage mit einer heutigen Größe von 205,3 ha vergrößert worden.

Konrad Adenauer, der von 1906 bis 1917 Beigeordneter und von 1917 bis 1933 Oberbürgermeister der Stadt Köln war, entwarf einen Plan für die Erstellung eines Kölner Grünsystems. Zum einen plante er einen Inneren Grüngürtel, durch den das innere Rayongelände der Bevölkerung als Erholungs- und Freizeitgebiet zugeführt werden sollte, zum anderen galten seine Gedanken einem die Stadt im weiten Bogen umschließenden grünen Streifen, der sowohl die 185 vorhandenen Festungswerke in sich einbezog, als auch

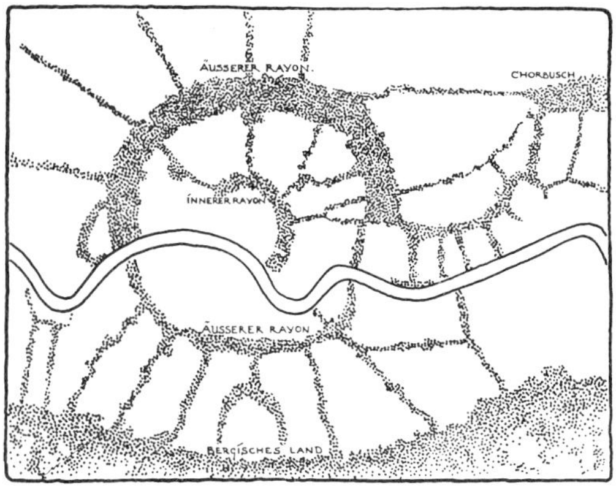

Abb. 109 Schema des Systems der Grünanlagen

die Stadt zu ihrem Umland hin abschloß. In dem Bremer Fritz Schumacher, einem international sehr bedeutenden Architekten und Städtebauer, fand Adenauer den Mann, der seine Ideen in die Wirklichkeit umzuwandeln vermochte. Mit einem gewissen Raffinement gelang es Adenauer, stets Wege zu finden, mit denen sämtliche Schwierigkeiten überwunden werden konnten: sei es mit einem so geschickten Enteignungsverfahren, daß sich die Grundstückseigentümer keineswegs übervorteilt fühlten, sei es bei der Beschaffung von finanziellen Mitteln, die nach Kriegsende sicherlich auch anderswo benötigt wurden, sei es bei der Besorgung der nötigen Arbeitskräfte und deren Versorgung, sei es durch die Art, wie er F. Schumacher aus seinen Hamburger Verpflichtungen mit einem Drei-Jahres-Arbeits-Urlaub löste und nach Köln lockte.

Für das 1925 erschienene Handbuch von Köln beschrieb der städtische Gartenbaudirektor Fritz Encke die Planung und Durchführung des öffentlichen Grüns im inneren und äußeren Gürtel. Aus diesem Bericht sollen hier einige Passagen abgedruckt sein:

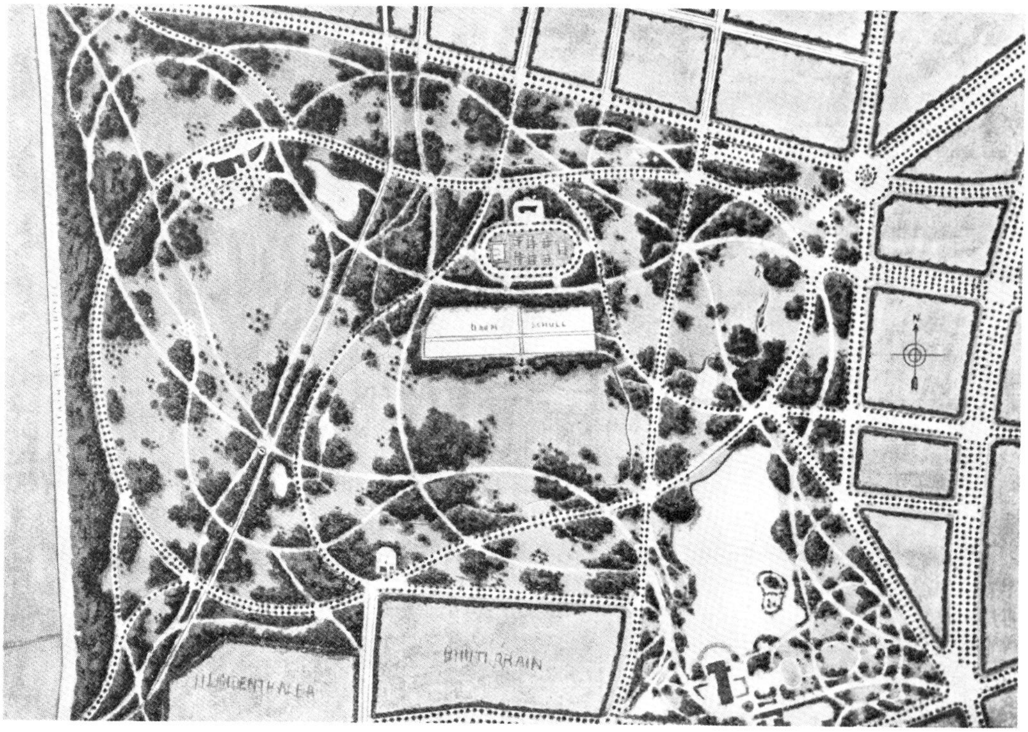

Abb. 110 A. Kowalleks Entwurf des Stadtwaldes in Lindenthal von 1896

Abb. 111 Das Fort VI in der Nähe des Decksteiner Weihers im heutigen Zustand

»Die im inneren Rayon ausgewiesenen Grünflächen mußten naturgemäß alle ... Gestaltungsweisen öffentlicher Anlagen enthalten. Spielwiesen in unregelmäßiger Form mit einzelnen schattenspendenden Baumgruppen, und in straffer Form durch Häuserreihen und Alleen umschlossene grüne Freiflächen umfassen 20 ha. Hinzu kommen 5,6 ha Rasensportplätze und 2,8 ha Kleingärten, die zusammen 28,4 ha reine Nutzflächen darstellen. Über das ganze Gebiet zerstreut sind 17 kleinere, gartenartig ausgestattete Erholungsplätze, Promenadenstreifen und 47 bekieselte Spielplätze, die zum Teil als Tummelplätze für die Jugend, zum Teil zum Spielen im Sande für kleine Kinder benutzt werden. Zusammenhängende längere Spaziergänge bieten die die verschiedenen Anlagen verbindenden Wegezüge, welche den ganzen Gürtel durchziehen. Der jüngste Festungsring im sogenannten äußeren Rayon bietet in bezug auf Gartenanlagen ganz andere Ausbildungsmöglichkeiten. Der auf der linken Rheinseite liegende, zu öffentlichen Grünanlagen bestimmte Teil dieses Rayongürtels umgürtet die Stadt auf einer Länge von über 20 km, bei einer Durchschnittsbreite von etwa 1 km. Durch das ganze Gebiet führt die Militärringstraße. Daran angereiht liegen nach außen Forts und Zwischenwerke, außerdem 44 kleinere Stützpunkte.

Die beiden ersteren Arten von Festungsbauten sind von waldartiger Pflanzung umgeben. Auch die Stützpunkte weisen zum Teil Baumschmuck auf. So scheint der ganze Geländestreifen mit kleinen Wäldchen durchsetzt zu sein, die jener baumlosen Gegend schon jetzt gewisse landschaftliche Reize verleihen. Die durchschnittliche Größe eines Forts beträgt etwa 10 ha, die eines Zwischenwerkes 3–4 ha. Von den darauf befindlichen Bauwerken entgingen nur die Kehlkasernen der Zerstörung. Alles übrige Mauerwerk mußte geschleift werden. Von den Wällen und Gräben durften nur die auf den Flanken erhalten bleiben, soweit letztere nicht zur Unterbringung abzutragender Erd- und Trümmermassen eingeschüttet werden mußten. Durch Verhandlungen mit der Reichsregierung hatte die Stadt sich Einfluß auf die Art der Lagerung der abzutragenden Massen gesichert. Sie wurden bei der vorgeschriebenen Einebnungsarbeit so verteilt, daß die gesprengten Werke in der Bodengestaltung möglichst den für die geplanten Grünanlagen erforderlichen Verhältnissen entsprachen. Je nach ihrer Lage zur Stadt sind die geschleiften Werke zu Sportplätzen, Erholungsanlagen, Tages-Waldschulen, Arbeitsschulen und Licht- und Sonnenbädern eingerichtet worden. Auf dem Gelände eines Forts waren je drei Fußballplätze und einige kleinere Ballspielplätze, auf einem Zwischenwerk je ein Fußballplatz unterzubringen. Da bei der Planung auch für eine ferne Zukunft gesorgt werden mußte, empfahl es sich, im Entwurfe einzelnen Werken eine größere Anzahl Sportplätze anzugliedern. Sie wurden im angrenzenden Rayongebiet vorgesehen, während zur Unterbringung der erforderlichen Umkleide-, Geräteräume und Aufseherwohnungen die erhaltenen Kehlkasernen Raum bieten. Die Erholungsanlagen erforderten eine verschiedenartige Behandlung. Da, wo die ausgebauten Stadtteile nahe an die Werke heranreichen, sind die Anlagen reicher und gartenmäßiger ausgestattet. Bei den abgelegenen Werken sind sie im wesentlichen Waldwiesen und lockere Haine, die der Bevölkerung als Rast- und Lagerplätze auf ihren Spaziergängen dienen. Erhaltene Flankengräben sind oft zu Schluchten ausgebaut, wobei die wildgelagerten, hie und da mit üppigem Pflanzengewirr überdeckten Trümmer malerische Bilder ergeben. Für die Auswahl der Schulzwecken dienenden Werke war die leichte Erreichbarkeit mittels Eisenbahn oder Straßenbahn mitbestimmend. Die Kasernen bieten Unterkunft bei Regenwetter und Räume für wirtschaftliche Zwecke. Zur Benutzung bei gutem Wetter sind in den Waldschulen Wiesenflächen und hainartige Glacis sowie in dichten Wald eingebettete Unterrichtsräume vorgesehen. In der Gartenarbeitsschule ist an Stelle der Wiese Gartenland für Lehrer und Schüler bereitgestellt. Die hauptsächlich für erholungsbedürftige Kinder hergerichteten Licht- und Sonnenbäder sind auf Teilen geeignet gelegener Werke untergebracht, die malerische Unebenheiten im Gelände und schönen Baumwuchs aufweisen. Sie sind durch begrünte Bretterzäune umfriedigt und enthalten Planschbecken, Sandbäder und Brauseanlagen.

Das ganze, diese linksrheinischen Werke umschließende Rayongelände soll zu einem Wald- und Wiesengürtel umgestaltet werden. An einzelnen Stellen ist schon ein nennenswerter Anfang dazu gemacht.
Als bei der Heimkehr des Heeres 1918 Notstandsarbeiten in großem Umfange notwendig wurden, wählte man hierzu gleichzeitig mit der Ausgrabung eines Kanales und eines Weihers im Stadtwald in Lindenthal eine Erweiterung des letzteren auf Rayongelände zwischen der Dürener und Aachener Straße. Um möglichst viele Arbeiter auf dem Gelände beschäftigen zu können, sah man einen größeren Teich darin vor, dessen Aushub man dazu benutzte, die vorhandenen Höhenunterschiede des Bodens zu verstärken.

... Mit dem Zuendegehen dieser großen Arbeit wurde neue Arbeitsgelegenheit nötig. Die inzwischen fertiggestellte Stadtwalderweiterung wurde deshalb bis zur Dürener Straße fortgeführt. Auch hier sind größere Erdbewegungen vorgenommen worden. Die praktische Bedeutung selbst mäßiger Erhebungen ist die Möglichkeit, in dem sonst fast ebenen Gelände Rodelbahnen einrichten zu können. Auch bieten sie Ausblicke in die Umgebung und verschönern den vorhandenen Geländewurf.«

Parallel zum Äußeren wurden auch die Arbeiten am Inneren Grüngürtel, der vom Rhein an der heutigen Zoobrücke über die Innere Kanalstraße bis zur Luxemburger Straße reicht, aufgenommen. Dazu wurden schon vorhandene, kleinere Straßen- und

Abb. 112 Brücke über den Stadtwaldkanal

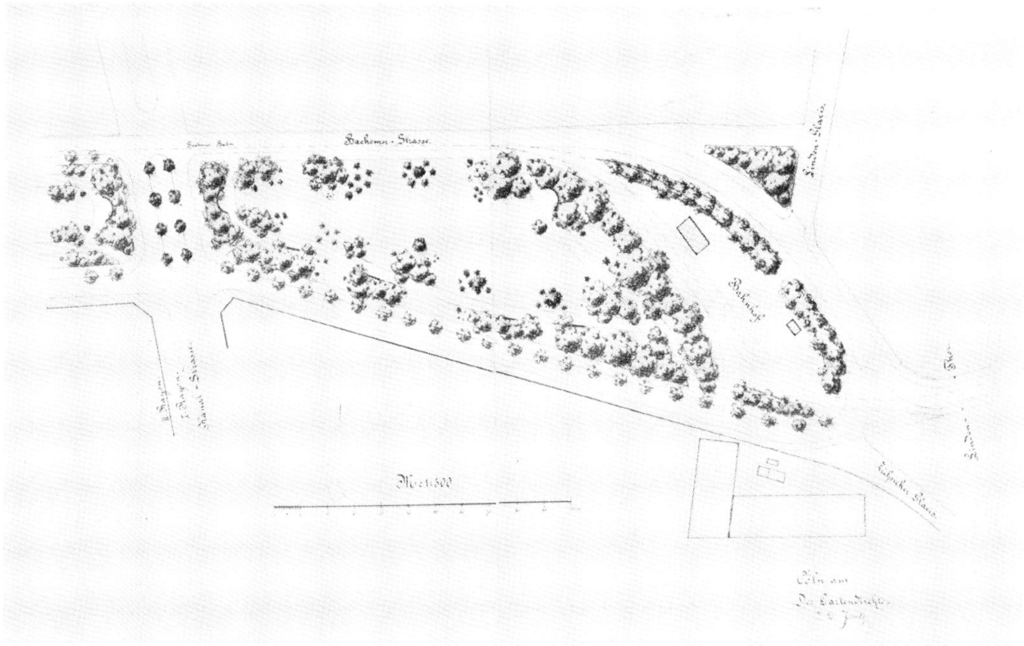

Abb. 113 Plan der Anlage an der Bachemer Straße von R. Jung (1902) zwischen dem Hildegardis-Krankenhaus und der Eisenbahntrasse am Zülpicher Wall

Platzanlagen an der Bachemer und an der Zülpicher Straße einbezogen.

1925 schuf man eine Schmuckanlage mit Wasserflächen und Spielplätzen entlang der Klarenbach- und Rautenstrauchstraße als Verbindung vom Inneren Grüngürtel am Aachener Weiher zum Stadtwald im Äußeren Grüngürtel.

Neben den bisher erwähnten Erholungs- und Freizeitbereichen gibt es in Lindenthal noch eine Fülle kleinerer Freiräume und Grünanlagen, die hier noch aufgezählt sein sollen:

- die Parkanlagen um die Klöster an der Klarenbach- und an der Gleueler Straße,
- die durchgrünten Bereiche der Krankenhäuser; besonders die der Universitätskliniken und der Park des ehemaligen Rittergutes Hohenlind am Elisabeth-Krankenhaus.
- die Schmuckanlagen des Frechener Platzes, im erweiterten Mittelstreifen des südlichen Lindenthalgürtels, an der Ecke Gleueler und Schlegelstraße und die des Lortzingplatzes; alle diese Anlagen weisen größere Spielplätze auf,
- eine Vielzahl weiterer Kinderspielplätze, die in vereinzelte Baulücken – oft auf private Initiative hin – installiert worden sind,
- die Dauerkleingärten im Dreieck Militärringstraße, An der Decksteiner Mühle und Gleueler Straße,
- die Innenfläche des Verteilerkreises am Hültzplatz mit der Anpflanzung von zwölf Trompetenbäumen,

sowie die unmittelbar in bzw. zwischen den Wohnsiedlungsbereichen angelegten Gärten und Grünflächen und nicht zuletzt auch die vielen alleeartig baumgesäumten Straßen.

An Anlagen und Einrichtungen für eine sportliche Freizeitgestaltung stehen im Stadtwald Trimm-Bahnen und öffentliche Tennisplätze zur Verfügung. Der Stadtwald- und der Decksteiner Weiher (auch Lido genannt) bieten Möglichkeiten zum Kahnfahren. An der Decksteiner Mühle und am

Abb. 114 Kanalanlage, von der Brucknerstraße aus gesehen, rechts das Kloster »Zum Guten Hirten« (um 1930)

Haus am See (Decksteiner Weiher) sind Miniaturgolfanlagen eingerichtet. Das weitere Angebot an Sportstätten – drei Tennisanlagen, sieben Sportplätze für Fußball, Hokkey u. ä. und die Sporthallen – ist allerdings nur den jeweiligen Vereinsmitgliedern vorbehalten.

Nun aber noch einmal zurück zum Stadtwald, denn es genügt nicht, nur die Planung und Entstehung dieses großen Freizeit- und Erholungsareals darzustellen. Auch seine Anlagen sollen hier beschrieben sein – und das überwiegend mit Bildern. In kürzester Zeit wurde der Stadtwald zum Hauptanziehungspunkt für die Kölner Innenstadtbewohner, für Nippeser und Ehrenfelder und natürlich auch für die angrenzenden Braunsfelder, Müngersdorfer und Lindenthaler.

Ein romantischer Treffpunkt war die im Landvillenstil erbaute Waldschenke mit ihrer ausgedehnten Terrasse und der vorgelagerten großen Spielwiese, auf der häufig Volksspiele veranstaltet wurden. Das bunte Treiben dort zog auch Willi Ostermann, den bekannten Kölner Liedersänger, Texter und Komponisten zahlreicher Milieu- und Karnevalslieder, an. Fast an jedem Nachmittag ließ er sich, mit Gehrock und Melone – seinem Markenzeichen – gekleidet, in Beglei-

Abb. 115 Kinder im Stadtwald (1925)

Abb. 116 Stadtwald-Tierpark (1935)

tung seines Hundes über den asphaltierten Rundweg bis vor das Gebäude fahren und von den sich vergnügenden Leuten zu neuen Liedschöpfungen anregen.
Es wird auch erzählt, daß der damalige englische Kriegsminister Winston Churchill nach dem Ersten Weltkrieg auf der Terrasse der Waldschenke im Stadtwald Tee getrunken haben soll.
Noch vor dem Zweiten Weltkrieg wurde das Gebäude abgetragen; erhalten sind heute neben Fotos nur noch einige der kunstvoll gestalteten, seinerzeit viel gekauften und verschickten Bildpostkarten.
Gehen wir von den heutigen Tennisanlagen den mitten durch den großen Stadtwaldrundweg führenden Wanderweg nach Süden, passieren wir rechterhand den vor den Schienen der »Klüttebahn« gelegenen Teich, überqueren über eine feste Steinbrücke den bis zum Stadtwaldweiher reichenden Kanal und gelangen schließlich in einen für Köln einzigartigen Tierpark (auch Rehpark), einzigartig wegen des frei von Zäunen und Gittern möglichen hautnahen Kontaktes zu den Tieren. Ob Damwild, Esel, Pfauen oder Wasservögel – alle kann man aus der Hand fressen lassen, alle kann man streicheln. 1982 erwog die Stadtverwaltung,

Abb. 117 Stadtwaldschenke um 1909

auch im Innenbereich einen Zaun um das Wildgehege zu ziehen. Ein Sturm der Entrüstung brauste in der Bevölkerung auf. Schließlich nahm man in Aussicht, das im Herbst manchmal nicht so friedliche Damwild durch zahmere, wenn auch scheuere Dubrowski-Hirsche zu ersetzen. Der Zaun blieb weg. Einzig Ziegen, Zwergpferde und kleinere Ziervögel leben hinter Einfriedungen.

Wir verlassen den Wildpark an der Kitschburger Straße und wenden uns der Keimzelle des Stadtwaldes, der Kitschburg, zu. Ein historischer Abriß über das Herrenhaus der Kitschburg ist bereits im Kapitel über die alten Höfe Lindenthals nachzulesen. Etliches bleibt aber noch zu berichten: Das 1901 angebaute Restaurant galt als gesellschaftlicher Treffpunkt des Kölner Westens. In dem 500 Personen fassenden großen Saal und den acht weiteren Räumen wurden jährlich 300 bis 350 Hochzeiten gefeiert und an die 2000 Konferenzen abgehalten; an einem Tag fanden einmal nicht weniger als 22 Kommunionfeiern statt. Fünfzig Arbeitskräfte beschäftigte das Haus in den Sommermonaten, im Winterhalbjahr nur einige weniger. Die weite Terrasse am Stadtwaldweiher bot einigen hundert Erholungssuchenden reichlich Platz und einen schönen Ausblick auf den von vielen Ruderbooten befahrenen

Abb. 119 Das Stadtwaldrestaurant um 1900

Weiher, in dessen Mitte eine weiße Fontäne bis zu zehn Metern emporschoß. 1968 veräußerte die Stadt das ihr gehörende Gebäude an die Esso AG, obwohl die Pächter stets dafür Sorge trugen, daß das Stadtwald-Restaurant nicht zu einem Zuschußbetrieb für die Stadt wurde. Unter öffentlichem Protest wurde, wie die Mundartautorin Lis Böhle schrieb, »... widder e Stöck vum ahle Kölle

Abb. 118 Schwan im Stadtwald-Tierpark (1934)

Abb. 120 Das zerstörte Stadtwaldrestaurant 1945

Abb. 121 *Auf der Terrasse des Stadtwaldrestaurants (1965)*

Abb. 122 *Bootssteg am Stadtwaldweiher 1935 …*

begrave. Schad dröm.« Statt der anheimelnde Atmosphäre verbreitenden Kitschburg wuchs ein riesiger Hotelkomplex in moderner, kühler Strenge sowohl in die Höhe als auch in die Breite. Auch ihm wurde ein Stadtwald-Restaurant mit Terrasse zum Weiher hin angegliedert und Festsäle im Innern eingerichtet, doch es dauerte einige Jahre, bis das neue Angebot von der Bevölkerung angenommen worden ist.

Ein Musikpavillon, wie es ihn von 1905 bis 1940 in der Nähe des Weihers gab, existiert heute nicht mehr im Stadtwald. Wer die musikalischen Klänge vermißt, soll sich dann damit trösten, daß es aber auch keine lärmenden Motorradrennen mehr auf dem asphaltierten großen Rundweg gibt, von denen zwei Fotos aus dem Jahre 1935 zeugen. Heute rennen nur noch Feierabendsportler über die Wege, und das hauptsächlich um

Abb. 123 … und 1965

Abb. 124 Das Cresthotel und der Stadtwaldweiher (1971)

Abb. 125 Bootspartie auf dem Stadtwaldweiher um 1910

den Adenauer-Weiher, weil dort das Gelände hügeliger ist und sicherlich auch, weil dort angrenzend die großen Müngersdorfer Sportanlagen bestehen. Wenn auch der Volksmund vom Adenauer-Weiher als »däm Adenauer sing Badebütt« spricht, so soll an dieser Stelle geklärt werden, daß der Ausspruch von Fritz Schumacher stammt, der 1924 bei einem Besuch in Köln den mit sechs Schläuchen der städtischen Wasserleitung tagelang gefüllten Aachener Weiher so bezeichnete.

Wenn der Stadtwald mit seinen weitläufigen Wanderwegen und abwechselnden Wiesen-, Wald- und Wasserbereichen ausgedehnte Spaziergänge, Bootsfahrten und Ruhemöglichkeiten bietet, so gibt es doch auch Areale, auf denen erheblich kleinräumiger eine Pflanzenvielfalt geboten wird, die den dort Verweilenden immer wieder in Erstaunen versetzt; die Kleingartenareale. Mit mehr als 45 Morgen Land zur Zeit seiner größten Ausdehnung bis etwa 1957 nahmen die den Besuchern offengelassenen Gartenanlagen in Lindenthal einen solch beträchtlichen Teil der Grünflächen ein, daß es sich wahrhaftig lohnt, in diesem Abschnitt den Kleingärtner-Verein Köln-Lindenthal 1920 e. V. vorzustellen.

Wie im Kapitel über den Wohnsiedlungsbau bereits bemerkt, ging die Initiative zur Gründung des Vereins von der Lindenthaler Spar- und Baugenossenschaft aus. Am 1. Oktober 1920 schlossen sich 21 Gartenbesitzer und Pächter zu einem Gartenbauverein zusammen, der vorerst der Baugenossenschaft angegliedert blieb. Ein Jahr später zählte der Verein 80 Mitglieder, und die Nachfrage nach weiteren Gärten war groß. Die Areale

Schad dröm

Se sin ens widder met der Spetzhack dran, en schön, ahl Kindererinnerung avzokloppe. Et Hauprestaurant em Stadtwald muß dran gläuve. Jedem ächte Kölsche deit et em deefste Hätzekülche wih dröm. We schön log dat wieße Hus do em Gröns am Weiher. Summerdags op der Terrass kom mer sich vör we em Paradies.

Wann unse Vatter en de große Ferie säht: „Na, ehr Pänz, we wör dat, wamer morge nohm Stadtwald gingke?" dann mahten uns Junge vör Freud der Handstand, un meer Mädcher höppten öm der Papa eröm, dat uns Zöppcher floge.

Uns Mutter maht der Rucksack met Pruviant parat. Zo drinke gov et jo em Stadtwald genog. Se maht andernmorgens, we de Karawan de Eck eröm wor, drei Krützger hinger uns her. Se wor fruh, ens ne ganze Dag allein zo sin, un om Köchebalkönche e beßge zo dräume.

Üvver et Nüüßer Glasis an der Agneskirch gingk et de Wäll elans tirek nohm Stadtwald. Et wor su schön, su fredlich he unger dä huhe Bäum met dä ville Vügelcher drop. Unse Vatter kunnt alle Vugelsstemme nohmaache, un so gove im promp Antwoot.

Em Stadtwald angekumme, däte meer zoeez en der Waldschenk e Glas Milch drinke un op der große Wies jet spille. Dann gingk et wigger nohm Hauprestaurant am Weiher. Unse Vatter satz sich op de Terrass, dät sich e Beerche beställe un sie Zigärche rauche. Meer Pute ävver woren ald em Naache. Unse Hein un unse Fritz däten sich em Rudere avwäßele. Se liete ehr Jungemüskelcher springe un däte su noh an der große Pötz, der Springbrunne, rudere, dat meer vun dem Selversähn klätschnaß wodte. Ävver et wor jo wärm, un wat mäht nem Kind schun e beßge Wasser us?

Dann kniepte unse Hein in dem Fritz höösch zo. Meer woßte, wat jitz kom. Ganz hinge, wo de Bäum deef üvver der Weiher hunge un dä Mann vun der Anlägstell uns nit sin kunnt, stundt unse Hein op un höppelte vun

HEUTE Lis Böhle

einem Bein op et andere, dat der Naache fies ant Schökkele kom. Meer Mädcher klammerten uns am Rand faß: „Hölp, meer kippe. Meer kippe. De Stund es öm. Meer mösse zoröck. Söns schängk dä Mann."

Unse Hein sohch op sing Kummelijonsohr: „Noch fönf Minutte Zick. Meer sin doch nit beklopp. Meer schenke dem Käl doch nix."

Nohhär krägte meer vum Papa e Zitrönche spendeet, verkimmelten et letzte Botterrämmche, und dann gingk et dä Wäg zoröck op heim an. Ärg dreckelig, ärg möd, ävver och ärg glöcklich kome meer zohus an, un unse Vatter säht för de Mutter: „En Schand, Ännche, dat do nit dobei wors. Et wor ens widder wunderschön em Stadtwald. Dat wieße Hus am Weiher, meddsen em Gröns, alsu do kann ich mich nit satt dran sin."

„Jo, Fritz", säht uns Mutter. „Dat Hus es wunderschön. Weißte och, dat der Napoleon ens do gewonnt han soll."

„Avgesin vun dingem Napoleon", laachte unse Vatter. „Et litt genau do, wo it hingehoot. Meer Kölsche künne fruh un stolz sin, sujet zo han."

Un jitz wäd et met der Spetzhack avgeklopp, un domet widder e Stöck vum ahle Kölle begrave. Schad dröm.

Abb. 126 Aus der Kölnischen Rundschau (Januar 1968)

der Baugenossenschaft reichten bald nicht mehr aus, so daß weiteres Gartenland von der Stadtverwaltung erbeten werden mußte. Dazu war es aber notwendig, dem »Verband der Gartenbauvereine zu Köln« beizutreten. Der Verein erhielt von der Stadt 20 Feldgärten neben der nach dem Ersten Weltkrieg gesprengten Befestigungsanlage an der Gleueler Straße. Trotz dieser Erweiterung kam es bald zu Zwistigkeiten und Zerwürfnissen zwischen den Kleingärtnern und der Baugenossenschaft, waren doch die Mitglieder des Gartenbauvereins der Ansicht, ihre Belange seien nicht genügend von der Genossenschaft gewahrt worden. So wurde am 5. März 1924 eine Generalversammlung einberufen, in der sich der Gartenbauverein von der Lindenthaler Spar- und Baugenossenschaft trennte. Die Eintragung in das Vereinsregister beim Kölner Amtsgericht erfolgte am 31. März 1924 unter der Nummer 838.

Abb. 127 Der Musikpavillon an der Kahnstation im März 1935

In den ersten Jahren seines Bestehens besaß der Verein kein geschlossenes Gartenbaugelände. Über ganz Lindenthal und z. T. auch in Sülz waren die Gärten verstreut. Dessenungeachtet führte der Gartenbauverein Köln-Lindenthal ein erfolgreiches Eigenleben: Als erster unter den Gartenbauvereinen trat der Verein im Herbst 1924 mit einer Ausstellung

Abb. 128 Motorradrennen im Stadtwald (1935)

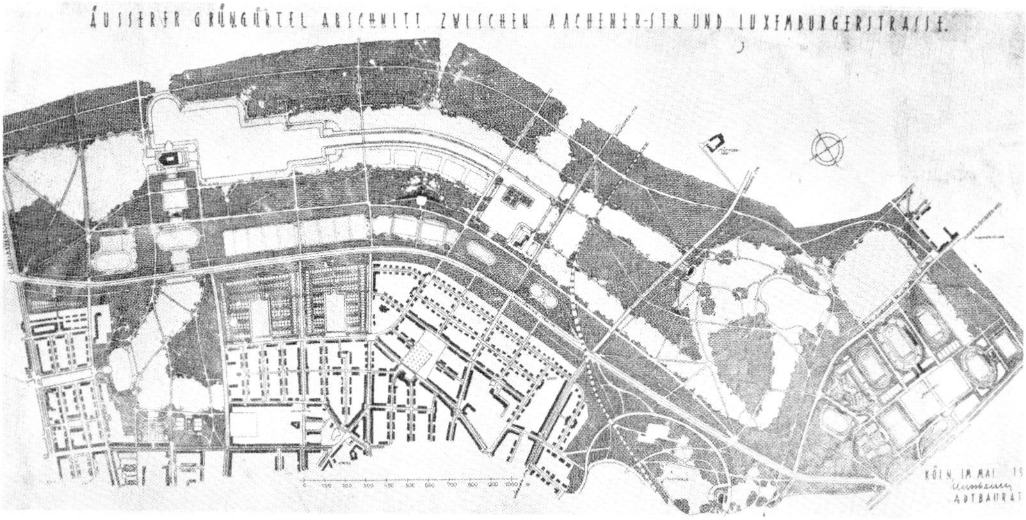

Abb. 129 Erster Plan für die Gestaltung im äußeren Grüngürtel (Bereich Deckstein). Die Gartenanlage weist hier keine Rondelle auf, sondern einen rechteckigen Spielplatz

seiner Erzeugnisse an die Öffentlichkeit. Auf der »Rheinischen Grünen Messe«, die 1925 stattfand, wurden ihm für seine besonders guten Leistungen zwei Preise, darunter die »Silberne Denkmünze des Provinzialverbandes« zuerkannt.

Die Gartenzahl stieg 1922 auf 310, 1923 durch die Zuteilung von Gartenflächen an der Kerpener Straße auf 624. Ein Jahr später aber, 1924, wurden große Gartenflächen von der städtischen Bebauung erfaßt, so daß die Gartenzahl wieder auf 375 zurückging.

Die intensive Öffentlichkeitsarbeit und die rapide angestiegene Mitgliederzahl zogen die Aufmerksamkeit der Stadt Köln auf den Verein und führten letztlich dazu, daß er schon 1928 die erste Daueranlage in Deckstein erhielt, die wegen ihrer reizvollen Lage am alten Rheinarm und eingeschlossen von den weiten Grünanlagen zwischen der Berrenrather Straße und dem Stadtwald die schönste Kleingartenkolonie Kölns war.

1927 begannen die Arbeiten am Kleingartengelände nach einem zweiten Entwurf von Theodor Nußbaum.

Die Gartenanlage wurde 1928 dem Lindenthaler Kleingärtner-Verein teilbepflanzt und voll eingezäunt übergeben. Die einen Meter

Abb. 130 Zweiter Entwurf Theodor Nußbaums für den Abschnitt Decksteiner Weiher, 1928

Abb. 131 Luftaufnahme (1929) der Lindenthaler Kleingartenanlage

hohe Einzäunung bestand aus Rundhölzern mit Maschendraht und gleichhohen Holztörchen. Bepflanzt war jeder Garten mit einem Sauerkirschbaum, fünf Johannisbeer- und fünf Stachelbeersträuchern. Eine Anpflanzung von Süßkirschbäumen war untersagt. Die von den Pächtern zu erstellenden Gartenhäuschen mußten gemäß einer Anordnung der Stadt Köln so angelegt werden, daß die Häuschen von jeweils vier Gär-

Abb. 132 Lindenthaler Kleingärtner 1929

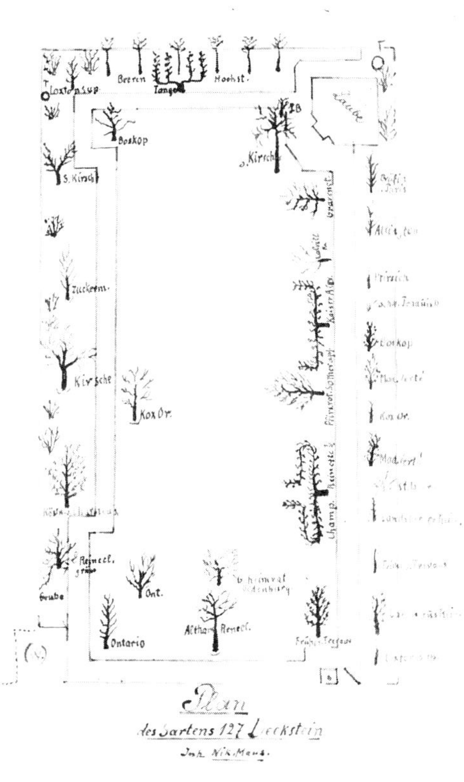

Abb. 133

ten ein Karree bildeten. Die neue Kleingartenanlage war noch weitgehend frei von höheren Bäumen, so daß alle Feldfrüchte durch freien Sonneneinfall gut gedeihen konnten und somit für eine Familie die Gewähr bestand, den Bedarf an Gartenerzeugnissen aus dem eigenen Garten selbst zu decken. (Die Luftaufnahme von 1929 demonstriert deutlich das noch offene Gartenareal.)

Einen größeren Rückschlag erlitt der Verein im Jahre 1929:

Im Zuge des Universitätsaufbaues wurde ein großes Gartenbaugebiet aufgekündigt. An dieser Stelle ist es angebracht, aufzuzeigen, wo der Verein neben seiner 49 239 qm großen Daueranlage noch weitere Gärten hatte.

15 995 qm	an der Kerpener-/Universitätsstraße	(1922–1962)
12 593 qm	an der Gleueler-/Militärringstraße (hier liegt seit 1957 der heutige Block VI, der allerdings nur noch 8 993 qm groß ist)	(1947–1956)
6 678 qm	an der Freiligrathstraße	(1924–1957)
6 366 qm	an der Decksteiner Straße	(1931–1957)
6 622 qm	an der Kerpener Straße	(1922–1952)
3 361 qm	an der Goldenfelsstraße	(1931–1957)
ca. 3 000 qm	an der Dorf-/Dürener Straße (Hohenlind)	(1932–1965)
2 829 qm	an der Schlegelstraße	(1930–1957)
ca. 2 500 qm	an der Birresborner-/Kermeterstraße	(1924–1950)
1 968 qm	an der Gleueler-/Mommsenstraße	(1930–1980)
1 140 qm	an der Werthmannstraße	(1931–1957)
582 qm	an der Lindenburger Allee	(1928–1947)

Abb. 134 Lindenthaler Kleingärtner 1928

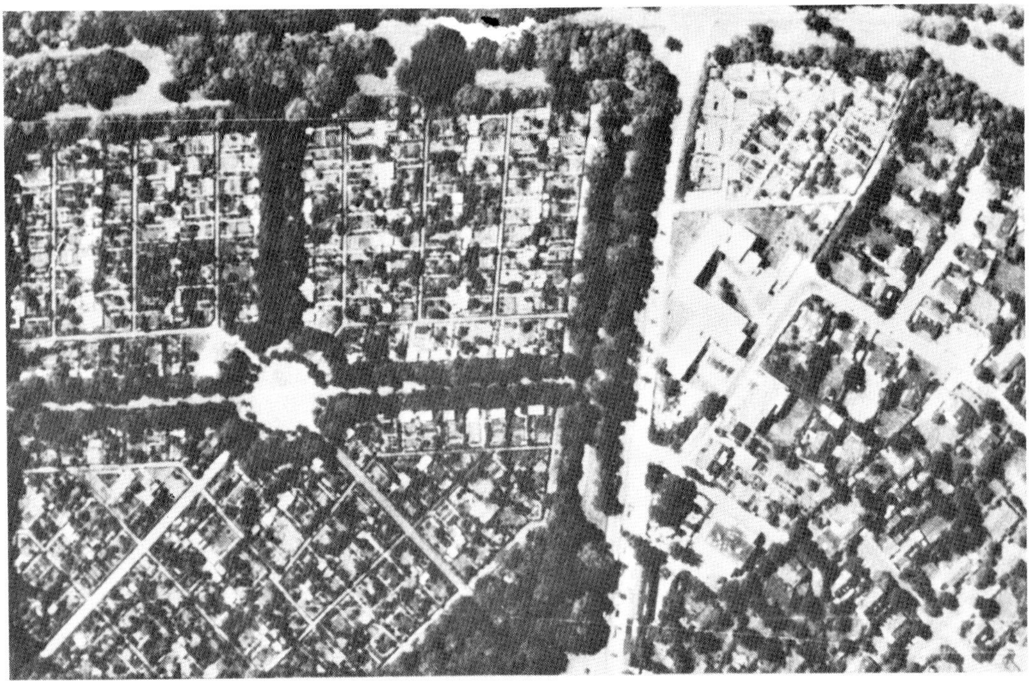

Abb. 135 Das Gartengelände aus der Vogelperspektive (Mai 1979)

Heute zählt der Verein 280 Dauergärten rechts und links der Gleueler Straße, durchzogen vom Sülzer Aquarienweg und nach Westen von der Militärringstraße begrenzt. Gewiß, die Gärten sind nicht gerade zur Verschönerung der Landschaft angelegt worden; oft genug dienten sie in den argen Notzeiten nach den Kriegen als Nahrungsquelle und – besonders nach dem Zweiten Weltkrieg – sogar als Wohnstätte. Eine Frau verlebte in der Laube ihres Gartens im Lindenthaler Kleingärtner-Verein die sechs Kriegsjahre und anschließend 27 weitere Jahre, bis sie 1972 starb.

Heutzutage besteht zwar noch eine Vorschrift, nach der auf einem Drittel des Gartens Nutzpflanzen angebaut sein müssen. Sehr häufig wird das aber nicht eingehalten, statt dessen werden mehr und mehr Ziergärten angelegt. Wie auch immer die Nutzung aussicht, stets ist sie äußerst intensiv aufbereitet und für die zahlreichen Besucher, die auf befestigten Wegen zwischen den Gärten spazieren können, höchst reizvoll.

Die insgesamt sehr gute Versorgung Lindenthals mit Freizeit- und Erholungsflächen – auf linksrheinischer Seite kann kein anderer Kölner Stadtteil ein solches Angebot aufweisen – ist sicherlich ein wesentliches Element dessen, was die Attraktivität Lindenthals ausmacht.

Diese grünen Oasen in unserer Stadt müssen unbedingt erhalten bleiben. Oft genug schon wurden große Flächen des Inneren wie des Äußeren Grüngürtels trotz festester Beteuerungen der Kommunalpolitiker und lauten Bürgerprotestes für Straßenerweiterungen (Stadtautobahn am Herkulesberg), für die Errichtung des Fernmeldeamtkomplexes mit dem Colonius-Turm zwischen der Venloer und der Subbelrather Straße und für den riesigen Verwaltungsbau der Rheinbraun im Westen des äußeren Grüngürtels an der Dürener Straße geopfert.

Von der Krieler Schule bis zur Universität – Bildungseinrichtungen

Die Einführung der Schulpflicht wird stets mit dem „Alten Fritz" und dem Preußentum in der zweiten Hälfte des 18. Jahrhunderts in Verbindung gebracht, doch verpflichtete in unserem Gebiet bereits eine Polizeiverordnung von 1538, also mehr als 200 Jahre vorher, die Eltern dazu, ihre Kinder in die Schule zu schicken. Gewiß, hier waren weder der Staat noch die Kommune Träger des Schulwesens – die Kirche galt dafür als zuständig –, doch wurden auch hier für festgestellte Mängel strenge Strafen ausgesprochen. Das Lehreramt war in Kriel mit dem Küsteramt verknüpft. Erst die französische Schulgesetzgebung forderte von den Gemeinden die Einrichtung von Primarschulen und die Auswahl sowie die Besoldung der Lehrkräfte. Für Wohnung und Gehalt mußten auch die Eltern der Schüler einen Beitrag leisten.

Trotz aller Bemühungen seitens der Kirche, der kurzen französischen und der folgenden preußischen Verwaltung blieben die schulischen Verhältnisse bis in die siebziger Jahre des vorigen Jahrhunderts recht unzulänglich. Zum einen war der Lebensstandard eines Lehrers vom Wohl der Gemeinde und der Vielzahl seiner Nebenbeschäftigungen als Organist, Küster, Imker, Gärtner usw. abhängig, zum anderen hatten die Schulkinder oft sehr weite Wege zurückzulegen, die im Winter nicht bewältigt werden konnten. So hatten die Krieler Kinder in der Zeit von der Säkularisation bis 1836, also in einem Zeitraum von rund 30 Jahren, nach Efferen oder Müngersdorf in die Schule gehen müssen. Dann erst wurde neben dem Pfarrhaus in der heutigen Freiligrathstraße 4 ein winziges Schulgebäude mit einem Raum für 22 Kinder errichtet.

Diese Zwergschule erwies sich schon bald nach der Einweihung als viel zu klein, denn viel rascher als erwartet entwickelte sich der westliche Kölner Vorortgürtel. Bereits 1864 begann man mit dem Bau eines großen Schulhauses im Winkel zwischen der Gleueler und der Schlegelstraße, dort wo heute das Fernmeldeamt der Bundespost steht. Die Zwergschule wurde bald danach in ein Wohngebäude umgestaltet. Nachdem aber Holzwürmer den Dachstuhl befallen hatten, der Fußboden verfault und eine Giebelmauer feucht und mürbe wurde und ein Brand schließlich noch die Holzwände beschädigte, ließ man nach genau 100 Jahren das Häuschen offen stehen.

Daß die erste Krieler Schule heute im Baubestand noch erhalten ist und sich dem Betrachter in einem vielleicht noch nie dagewesenen Glanz präsentiert, ist einer Privatperson zu verdanken, die das in einem katastrophalen Zustand sich befindende Gebäude 1982 von der Stadt erwarb und es nach einem hundert Jahre alten Foto und mit der Unterstützung der Stadtkonservatorin binnen zwei Jahren restaurierte.

Dazu wurden größtenteils die alten Steine verwendet. Um das Dach ursprungsgetreu wiederherzustellen, besorgte man die Dachziegel einer alten Eifeler Scheune und unterlegte diese mit Stroh; die Dachgauben wurden mit Schiefer gedeckt.

Das neue, große Schulhaus konnte 1865 mit zwei Parallelklassen für Jungen und Mädchen eröffnet werden. Im Herbst 1873 drängten 260 schulpflichtige Kinder in die Schule, so daß zum 1. Januar 1874 eine dritte gemischte Klasse einzurichten war und 1884 eine vierte hinzukam. Die hohe Schülerzahl führte nun zu einer Trennung nach Geschlechtern in Parallelklassen.

Die Schülerzahl wuchs ständig weiter, der Lehrkörper vergrößerte sich, das Gebäude erhielt einen größeren Westflügel. Der Bombenhagel des letzten Kriegsjahres zerstörte die Schule völlig; nicht ein Stein erinnert mehr an sie.

In den Jahren 1875 und 1876 stellte der Eigentümer der Kitschburg Bauland in der Hillerstraße 48 für die Errichtung einer Schule in dem neuentstandenen Lindenthal

Abb. 136 Das renovierte Gebäude der ehemaligen Krieler Zwergschule (1987)

Abb. 137 Die Krieler Volksschule Gleueler Straße/Schlegelstraße, links: die große, besonders von Rektor Gosewisch gerne aufgesuchte Gartenlaube (um 1910)

Abb. 138 Rektor Gosewisch vor der »Gartenlaube«

kostenfrei zur Verfügung. Zunächst nur für drei Klassen konzipiert, konnte auch diese Schule dem Andrang der Schüler nicht lange standhalten, sie mußte ebenfalls bald erweitert werden, zumal auch aus Braunsfeld Kinder angemeldet wurden.
Wie die Krieler Schule, so fiel auch diese und eine weitere, allerdings recht kleine in Alt-Melaten dem Bombenterror zum Opfer.
Hat man in Kriel die Lehrer und Lehrerinnen der ersten Stunde bis zur Jahrhundertwende in der Heimatdichtung schon fast als Volkshelden verehrt – Rektor Heinrich Gosewisch, seine Schwester Fräulein Sophia Gosewisch, Fräulein Sybilla Niehl, Fräulein Elise Rink, Fräulein Margarethe Moll, Fräulein Henriette Dohmen, Fräulein Margarete Ulbricht und Fräulein Paula Schmitz sowie die Herren Paul Herzog, Martin Frings, Josef Schreiber, Paul Müller, Heinrich Lipp, Paul Kettnis und Heinrich Niessen –, so soll von der Hillerstraße wenigstens der dort seit 1877 amtierende Lehrer Heinrich Peter Herwegen, der

Abb. 139 Das Lehrerkollegium um 1905 im Schulgarten…

Abb. 140 ... und während einer Namenstagsfeier mit Schülern

Abb. 141 In einer Klasse der Krieler Schule um 1933

Vater des bekannten Abtes von Maria Laach, Dr. Ildefons Herwegen, genannt werden. Eine weitere Schule wurde am 16. Oktober 1905 eingeweiht und ihrer Bestimmung übergeben: die katholische Volksschule Lindenburger Allee. Im Geschmack der Jahrhundertwende errichtete Stadtbaumeister Busse das Gebäude in rotem Backstein mit Türmchen und Zinnen und im Innern mit Marmorsäulen, 60 Quadratmeter großen Klassenräumen mit großen Fenstern, einer einzigartigen Kochküche und sogar einem Brausebad mit 28 Zellen.

Lindenthal war stolz auf dieses moderne Gebäude, in das die Jungen und Mädchen der alten, zwischen dem Schulhof und der Gleueler Straße gelegenen, kleinen Schule umziehen konnten.

750 Kinder besuchten bereits im ersten Jahr die von Rektor Biecker geleiteten Schule. Im April 1915 erklärte man die Schule zum Lazarett. Vom Keller bis zum Dach wurde sie mit Verwundeten belegt, während die Kinder ihren Unterricht in den umliegenden Wirtschaften Wingen (Gleueler Straße), Sattler (Bachemer Straße) und im Kloster zum Guten Hirten erhielten.

Die Rektorin Else Hugot berichtet in der Festschrift zum 75jährigen Jubiläum weiter: »Nach dem II. Weltkrieg im Juli 1945 nahmen drei Lehrerinnen unter der Leitung der Rektorin Anna Rings mit 169 Kindern den Schulbetrieb wieder auf. Da im Zuge einer schriftlichen Willenserklärung in der Zeit vom 11. bis 25. 3. 46 die Eltern die Einrichtung von Bekenntnisschulen fordern konnten, wurden nach dieser Abstimmung in unserem Schulgebäude mit den vorhandenen Kindern eine katholische und eine evangelische Bekenntnisschule eingerichtet. So wurden schließlich fast 1000 Kinder im Gebäude in Schichtunterricht betreut. Die katholische Schule hatte bei 7 Lehrer- und 6 Lehrerinnenstellen 657 Kinder. In der evangelischen Schule unterrichteten 3 Lehrer und 2 Lehrerinnen 276 Kinder. Die evangelische Schule blieb bis zum Ende des Jahres 1960 Gast in unserer Schule. Am 9. 12. 60 bezog sie das neuerbaute Schulgebäude Ecke Bachemer und Schallstraße. Auch dies ein modernes, neues Bauwerk mit viel Glas und Beton. Wir blieben zurück im guten, alten Gemäuer, in dem eine gründliche Renovierung vorgenommen wurde, um die notwendigen Nebenräume (Arztzimmer, Bibliothek, Naturlehreraum, Verkehrsunterrichtszimmer, Werkräume für Papier-, Holz- und Metallarbeiten und Turnhalle) zu schaffen. Im Jahre 1965 wurden 550 Schüler in 14 Klassenräumen von 15 Lehrkräften unterrichtet. Mit Beginn des Schuljahres 1968/69 fand die Umorganisation der katholischen Volksschule Lindenburger Allee in eine katholische Grundschule statt, die sie seither ist. Die Schülerzahl betrug am 1. 8. 68 daher nur noch 154 Jungen und 164 Mädchen, die Zahl der Lehrer war 9.

Da unsere Schule durch sinkende Schüler- und Klassenzahlen Raumüberschuß hatte, wurden 5 Räume auf der 2. Etage an die Kaufmännische Berufsschule II, Stolzestr. 5, vermietet, die sie bis zum Neubau der Berufsschule in der Lindenstraße im Jahre 1974 behielt.

Das Schuljahr 1974/75 brachte neue Gäste ins Gebäude. Die Sonderschule für psychogenetisch gestörte Kinder, bisher nur in der Pestalozzistation der Universitätsklinik untergebracht, zog mit Beginn des Schuljahres mit ca. 50 Kindern in unser Gebäude ein. Sie benutzen auch heute noch 6 Klassenräume und unsere Turnhalle.« In den Jahren 1988 und 1989 wird an dem Schulgebäude eine vollkommene Renovierung und Modernisierung – besonders der Heizungsanlage – vorgenommen.

Die Schulkinder der zerstörten Krieler Schule hatten in den ersten Nachkriegsjahren weite Wege zurückzulegen; sie wurden auf die Schulen Lindenburger Allee und Manderscheider Platz in Sülz aufgeteilt. Vom 28. September 1950 an konnte gemeinsam mit den Klettenberger Kindern der Schule Lohrbergstraße und der im Aufbau begriffenen Sülzer Realschule das wiederhergestellte Gebäude der Volksschule in der Euskirchener Straße genutzt werden. Zu dieser Zeit unterrichtete man 1600 Kinder im Schichtwechsel. Eine Eingabe der Pfarrgemeinde St. Albertus Magnus an das Bauamt der Stadt Köln und die besondere Förderung des damaligen Regierungspräsidenten Dr. Warsch, der in seinem Wohngebiet den Aufbau der neuen katholischen Volksschule wünschte, führte zur Errichtung des Gebäudes in der Freiligrathstraße – allerdings unter dem Protest der Freunde einer Gemeinschaftsschule. Mit der Entscheidung des Oberverwaltungsgerichts, die neue katholische Schule sei für den Krieler Bezirk ein Wiederaufbau der im Krieg total zerstörten Volksschule in der Gleueler Straße, wurde der Protest zurückgewiesen und die Schule in einer Feierstunde am 7. September 1955 mit der Schlüsselübergabe des Schuldezernenten Giesberts an den Rektor Hans Voosen eröffnet.

Fast 800 Kinder im Alter von 6 bis 14 Jahren konnten im ersten Jahr in 20 Klassen unterrichtet werden. Dazu standen auch zahlreiche Nebenräume zur Verfügung, wie sie zu der Zeit noch nicht überall vorhanden waren: Physik- und Chemieraum mit Experimentiertischen, Musiksaal mit großem Konzertflügel, Handarbeitsraum mit Nähmaschinen, Werkraum mit Hobelbänken und Maschinen, Frühstücksaula mit modernen Kunstplastiken und eine lange, in edlem Holz ausgekleidete Bibliothek.

Die Größe des Bezirks der bereits erwähnten evangelischen Volksschule Schallstraße machte eine Trennung erforderlich. So begann man 1962 für die Kinder westlich des Lindenthalgürtels das Gebäude der katholischen Volksschule Freiligrathstraße um einen zweiten Klassentrakt mit Nebenräumen und um eine Turnhalle zu erweitern. Der neue, vom Architekten Panzer, geschaffene Trakt schmiegt sich dermaßen nahtlos an das vorher errichtete Schulhaus an, daß man heute kaum glauben möchte, zwei von sieben Jahren getrennte Bauabschnitte vor sich zu haben.

Die vier Klassen der damals einzügigen evangelischen Volksschule Freiligrathstraße mußten noch zwei Jahre in den Räumen der katholischen Schule untergebracht bleiben, bis im Februar 1964 das fertiggestellte Nachbargebäude bezogen werden konnte. Unter der Rektorin, Frau Koenecke, wuchs die Schule rasch zu einer vollwertigen an, doch bereits mit dem Beginn des Schuljahres 1968/69 wurde aus der evangelischen Konfessionsschule eine christliche Gemeinschaftsschule und aus der Volks- eine Grundschule gebildet, die heute unter der Leitung der Rektorin Sybille Hoffmann-Schlingloff ihren Lehr- und Erziehungsauftrag erfüllt. Der katholischen Volksschule widerfuhr ein gleiches Schicksal. Am 9. August 1968 teilte Rektor Hans Voosen dem Kollegium knapp mit:

»1. die alte Volksschule ist tot,
2. die Volksschule wird in Grund- und Hauptschule geteilt,
3. wir sind nur noch Grundschule.«

Weiter postulierte er: »Wir haben den festen Willen, unsere Schule auf den bestmöglichen Stand zu bringen und uns von keiner Schule übertreffen zu lassen. Unsere Pflicht zu tun, ist uns selbstverständlich – wir müssen und wollen aber mehr tun!« Wenn auch die Nachfolgerin, die Schulleiterin Erika Spies, mehr Menschlichkeit und kindgerechtes Lehren fordert, so ist auch sie immer wieder stolz, wenn »ihre Kinder« in den weiterführenden Schulen gut zurechtkommen.

Ist hier der Grund zu sehen, warum es in Lindenthal keine Haupt- und keine Realschule, sondern einzig Gymnasien gibt?

Vororte wie Ehrenfeld und Nippes besaßen um die Jahrhundertwende bereits eigene höhere Lehranstalten; so kann es nicht verwundern, daß die Bürgerschaft der aufstrebenden Stadtteile Klettenberg, Sülz und Lindenthal dem nicht nachstehen mochte.

Die älteste Lindenthaler Weiterbildungs-

Abb. 142 Das Realgymnasium in der Gyrhofstraße

schule war das Realgymnasium in der Gyrhofstraße, das »Stein-Hardenberg-Gymnasium«.

In dem nicht mehr genutzten Volksschulgebäude an der Gleueler Straße 77 – gleich nebenan war ja das neue Schulhaus in der Lindenburger Allee errichtet worden – fand man ein Provisorium, in welchem am 24. April 1906 die ersten 53 Sextaner unterrichtet werden konnten. 1911 beschloß endlich die Stadtverordnetenversammlung einen Neubau für 748750 Mark auf einem Grundstück der städtischen Armenverwaltung an der Gyrhofstraße, genau dort, wo die Wilhelm-Backhaus-Straße einmündet und sich heute das Botanische Institut der Universität befindet.

Bereits im Mai 1913 eröffneten der Oberbürgermeister Wallraf und der Oberpräsident der Rheinprovinz, Freiherr von Rheinbaben, die Schule.

Ein geregelter Schulbetrieb wollte in den ersten Jahren nicht aufkommen, denn der Erste Weltkrieg forderte unter den Lehrern und Schülern einen hohen Blutzoll; und wer nicht als Soldat an die Front mußte, hatte in Arbeitskolonnen Dienst zu leisten. Nach dem Krieg wurden nach Deutschland zurückkehrende Truppen in der Schule einquartiert und die Pferde in der Turnhalle und den Kellern untergebracht.

Bis 1920 mußten die Gymnasiasten zur Schule in der Kreuzgasse gehen, ehe nach einer intensiven Renovierung das Schulgebäude wieder genutzt werden konnte.

Bis 1939 näherte sich die Schülerzahl der Tausend, doch kam dann rasch das Ende des Realgymnasiums. Die Rekrutierung junger Soldaten reduzierte die Schülerzahl um ein Drittel; das letzte Abitur wurde 1942 abgenommen; im Herbst 1944 brannte das Gebäude nach einem Bombenangriff bis auf die Grundmauern ab und wurde dann nicht wieder aufgebaut.

Gleich nebenan zum Weyertal hin befand sich ein Mädchengymnasium, das städtische Lyzeum III. Schmunzelnd wird noch heute erzählt, daß die zum Jungen-Gymnasium hinweisenden Fensterscheiben mit Farbe bestrichen wurden, um ein Zeichengeben

zwischen den männlichen und weiblichen Jugendlichen zu unterbinden.
Die beiden heute in Lindenthal bestehenden Gymnasien haben zwar eine langjährige Tradition und gehören zu den bedeutendsten und ruhmvollsten Schulen der Stadt Köln, doch war ihr Standort bis 1953 bzw. 1961 noch nicht in Lindenthal.
Die Geschichte der Liebfrauenschule läßt sich bis in das Jahr 1890 zurückverfolgen. In diesem Jahr eröffnete ein Frl. Regina Köllen eine höhere Mädchenschule in der Kasino-

Abb. 143 Das Städtische Lyzeum III im Weyertal

straße im Schatten von St. Maria im Kapitol. Nach 25 Jahren harter Arbeit und dem erfolglosen Bemühen um die Anerkennung der Schule als vollberechtigtes Lyzeum übergab sie die Schule 1916 der Genossenschaft der Schwestern Unserer Lieben Frau. Bereits ein Jahr später lag die lange gewünschte Anerkennung vor, und den ersten 11 Schülerinnen konnte das Lyzeumabschlußzeugnis ausgehändigt werden. Die Schülerinnenzahl stieg rasch, so daß 1919 ein größeres Gebäude am Georgsplatz bezogen werden mußte. In der Zeit des Nationalsozialismus wurde von 1936 an der stufenweise Abbau des Lyzeums angeordnet, bis schließlich am 1. April 1939 eine Umwandlung zur städtischen Oberschule stattfand.

Der Bombenkrieg zerstörte die Gebäude bis auf den Grund, doch schon 1945 nahmen die Liebfrauenschwestern ihre Lehrtätigkeit in einer Haushaltungsschule in Köln, An der Münze 4, wieder auf. Ostern 1947 konnte in Köln-Braunsfeld an der Aachener Straße 443 das Mädchengymnasium neu eröffnet werden. Das war aber nur eine Übergangslösung. 1951 erwarb die Kongregation der Schwestern Unserer Lieben Frau ein 10 000 Quadratmeter großes Areal innerhalb der Grünanlagen an der Brucknerstraße und errichtete dort das heutige, für 500 Schüler konzipierte Gebäude. Schon beim Einzug Ostern 1953 war die Schule bis auf den letzten Platz gefüllt und dem ständig steigenden Ansturm in keiner Weise gewachsen. Den rasch aufgestellten Pavillons folgten großzügige Erweiterungsbauten. Bis auf 1000 stieg Mitte der siebziger Jahre die Schülerinnenzahl und blieb in etwa bis heute so bestehen. Im Zuge der Koedukation nahm die Liebfrauenschule vom Jahr 1983 an auch Jungen auf.

Älter noch als die Liebfrauenschule ist das benachbarte Apostelgymnasium. Am 9. Oktober 1860 beginnt das schulische Leben am »Katholischen Gymnasium an der Apostelkirche«, einer Tochtergründung des Marzellengymnasiums. Von 1876 bis 1918 trägt die Schule den Titel »Königlich Katholisches Gymnasium an der Apostelkirche«, dann wird das »Königlich« durch »Staatlich« ersetzt.

Wie das Lyzeum am Georgsplatz, so wurde auch das Apostelgymnasium zu Ostern 1939 von den Nazis geschlossen und das Gebäude abgerissen. Das Kollegium und die Schüler verteilten sich auf das Schillergymnasium und auf die Schulen in der Spiesergasse und in der Kreuzgasse. An einer Außenwand des »Amerika-Hauses« an der Hahnenstraße erinnert seit 1980 eine Bronzegedenktafel an das ehemalige Schulgebäude und an seinen berühmtesten Schüler, den ersten Bundeskanzler unserer Republik, Konrad Adenauer. Unmittelbar nach dem Zweiten Weltkrieg nahm das unterrichtliche Leben im Gebäude der Mittelschule an der Gravenreuthstraße in Ehrenfeld seinen Neuanfang, doch noch im November des gleichen Jahres 1945 fand eine Verlagerung nach Sülz in die Lotharstraße statt.

Auf Jahre hinaus mußte der Unterricht im Schichtwechsel mit der Hildegardisschule erfolgen. Endlich, am 1. Oktober 1959, konnte der Grundstein zum heutigen Schulgebäude an der Biggestraße gelegt und am 25. November 1961 der Einzug gefeiert werden.

Zu Beginn des Schuljahres 1972/73 fanden erstmals Mädchen Aufnahme in das Apostelgymnasium. In diesem Jahr erfolgte auch die Einrichtung eines mathematisch-naturwissenschaftlichen Zweiges neben den bereits bestehenden alt- und neusprachlichen Zweigen.

1974 ging die Schule in die Trägerschaft der Stadt Köln über; sie nennt sich fortan »Städtisches Apostelgymnasium«.

Im Bemühen, dem hervorragenden Ruf der Schule stets gerecht zu werden, wurden immer wieder vorbildliche Einrichtungen eingeführt. So besaß das Apostelgymnasium als erste Kölner Schule schon 1967 ein vollausgebautes Sprachlabor und seit 1981 das Oberstufenfach »Technik«

Abb. 144 Die Liebfrauen-Schule, NW-Ansicht (um 1963)

Abb. 145 Die Liebfrauen-Schule, Ostansicht (um 1963)

Abb. 146 Tafel am »Amerika-Haus«

Zu den allgemeinbildenden Schulen sind noch die Rheinische Schule für Gehörlose in der Gronewaldstraße 1, die Krankenhausschule in der Universitätsklinik, Pestalozzistation, Joseph-Stelzmann-Straße 9, und die zur Mittleren Reife und zum Abitur führende Privatschule Dr. W. Loew, Zülpicher Straße 318, zu zählen.
Berufsbildende Schulen sind in Lindenthal die Schulnebenstelle der Kaufmännischen Schule II der Stadt Köln, Zülpicher Str. 194, in der außerdem noch eine zweijährige Berufsfachschule für Wirtschaft (Handelsschule), eine zweijährige Höhere Berufsfachschule für Wirtschaft (Höhere Handelsschule) und das hauptsächlich Abendseminare anbietende Kaufmännische Berufsbildungswerk Köln (KBK) untergebracht sind, die Berufsfachschule für Kosmetik und Fußpflege am Lindenthalgürtel 102 und die Fachschule des Möbelhandels in der Frangenheimstraße 6.
Die katholische Kirche betreibt in der Klosterstraße 79a die Katholische Fachschule für Sozialpädagogik mit dem Schwerpunkt Jugend- und Heimerziehung sowie vier berufsbildende Schulen »Am Krieler Dom«:

1. Einjährige Berufsfachschule mit der Fachrichtung Gestaltung
2. Fachschule für Sozialpädagogik
3. Fachschule für Sonder- und Heilpädagogik
4. Fachoberschule (Klasse 12 B) für Sozialpädagogik und Sozialarbeit.

Die Geschichte der katholischen berufsbildenden Schulen »Am Krieler Dom« wird in einer kleinen Schulchronik aufgezeigt, aus der im folgenden zitiert wird. Bereits in den zwanziger Jahren dieses Jahrhunderts „... beabsichtigte der Vorstand des Zentralverbandes katholischer Kinderhorte und Kleinkinderanstalten e. V., eine Ausbildungsstätte zu gründen. Bedingt durch Inflation, Nationalsozialismus und Kriegswirren konnten die Pläne aber erst 1946 verwirklicht werden. In einer Steinbaracke in Köln-Bickendorf wurde im Juni 1946 ein zweijähriger Lehrgang mit Ordensschwestern eröffnet. ... Die zunächst provisorisch untergebrachte Schule siedelte samt Internat für (die) Schwestern im November 1947 in ein Wohnhaus in der Weißenburgstraße 14 um.... Seit August 1973 ist die Schule mit einem angeschlossenen Schülerinnenwohnheim in einem neuerbauten Gebäude gegenüber dem Krieler Dom (in der Freiligrathstraße 6) untergebracht. ... Zunächst war die ›Fachschule für Kindergärtnerinnen und Hortnerinnen‹ (heute ›Erzieher‹ genannt) ausdrücklich nur für Ordensschwestern genehmigt. Diese Einschränkung wurde ... 1953 ... aufgehoben.... Gegenwärtig sind unter den Schülerinnen nur noch vereinzelt Ordensangehörige vertreten. Während in der Vergangenheit der Beruf der Erzieherin ausschließlich von Frauen gewählt wurde, so bildet die Schule seit einigen Jahren auch Männer für den Erzieherberuf aus.«
Das Schulangebot in Lindenthal runden die Musikschule Ernst Heck, Dürener Str. 202, und die private und unabhängige existentialpsychologische Schule in der Scheffelstraße 52 ab.
Als Standort eines großen Wissenschaftszentrums erlangte Lindenthal eine außergewöhnliche Bedeutung. Wie die Anlage der

Abb. 147 Das Apostelgymnasium, von der Biggestraße her gesehen (1975)

Abb. 148 Die Fachschule des Möbelhandels in der Frangenheimstraße (um 1975)

Grüngürtel ist auch die Neugründung der Kölner Universität im Jahre 1919 ein Verdienst des damaligen Oberbürgermeisters Konrad Adenauer. (Die erste Universität zu Köln wurde am 21. Mai 1388 mit der Unterzeichnung der Stiftungsurkunde durch Papst Urban VI in Perugia gegründet und am 28. April 1798 durch die Franzosen mit der Umwandlung der Universität in eine Zentralschule geschlossen.)

Mit großer Energie verhalf Adenauer den vom Nationalökonomen Christian Eckert entwickelten Universitätsplänen zum Erfolg. Im Jahr der Neugründung immatrikulierten sich 1299 Studenten, 1928 waren es schon 5565. Die Räumlichkeiten im Gebäude an der Claudiusstraße in Köln-Süd waren nun dermaßen beengt, daß Adenauer einen Neubau im gerade geschaffenen Inneren Grüngürtel zwischen der Kerpener und der Bachemer Straße durchführen ließ. Am 26. Oktober 1929 erfolgte die Grundsteinlegung des neuen Hauptgebäudes. 1934 konnten die großzügigen Neubauten bezogen und damit die räumlich bis dahin getrennten Fakultäten – die geistes- und wirtschaftswissenschaftlichen in der Claudiusstraße, die mathematisch-naturwissenschaftliche an der Otto-Fischer-Straße in Sülz und die medizinische auf dem Gelände der Lindenburg – zusammengefaßt werden.

Der Bombenkrieg fügte der Universität schwerste Schäden zu, und doch begann bereits 1945 wieder der Vorlesungsbetrieb. Die Kosten für den Wiederaufbau überschritten allerdings die Möglichkeiten der Stadt, die die Universität bis 1954 allein unterhielt. So übernahm das Land Nordrhein-Westfalen die Universität und ließ sie wieder aufbauen sowie die notwendigen Erweiterungen (Wiso-Hochhaus) vornehmen. Gegen Ende der 60er und im Anfang der 70er Jahre wurden weitere Ausbauten vorgenommen. Auf Lindenthaler Gebiet sind in diesem Zusammenhang die Universitätsbibliothek, das Hörsaalgebäude und das Philosophikum hinzugekommen. Mit diesen Gebäuden ist der Flächenanspruch der Universität aber keineswegs abgedeckt; eine Vielzahl ehemaliger Wohnhäuser beherbergt verschiedene Institute. Ein zweiter Hochschulkomplex befindet sich an der Gronewaldstraße. Die in den 50er Jahren eröffnete Pädagogische Hochschule vervollständigt die Wissenschaftsträchtigkeit Lindenthals.

Die beiden heute vereinigten Hochschulen haben rund 50 000 Studenten, Lehrkräfte und sonstige Beschäftigte.

Zur gleichen Zeit, in der dieses Lindenthalbuch erarbeitet wurde, verfaßten Universitätsangehörige ein mehrbändiges Werk über das Wissenschaftszentrum anläßlich des 600. Geburtstages. Aus diesem Grund ersparen es sich die Autoren, ausführlicher auf die Universität einzugehen. An einer Sache allerdings soll nicht vorbeigegangen werden: an einem 25 m hohen Turm, der von 1938 bis 1962 am Rande des Lindenthaler Kessels stand und über den noch heute geheimnisvolle Geschichten erzählt werden, weil kaum jemand so richtig weiß, was es mit dem Turm für eine Bewandtnis hatte.

Der 1935 an die Kölner Universität berufene Ordinarius für experimentelle und angewandte Physik, Prof. Dr. Fritz Kirchner, bemühte sich um die Aufstellung eines Zyklotrons, mit dem es möglich sein sollte, eine Höchstspannung von zehn Millionen Volt zu erreichen, um dadurch genügend starke Neutronenstrahlen erzeugen zu können, wie sie für die Herstellung der künstlichen wesentlich höheren Spannungen von radioaktiven Elementen benötigt wurden.
1938 konnte, nachdem eine großzügige Förderung durch das Carlswerk Felten & Guilleaume in Köln-Mülheim die erforderlichen finanziellen Mittel bereitstellte, mit dem Bau einer solchen Beschleunigungsanlage für elektrisch geladene Teilchen nach Plänen der Architekten Baudirektor Wibel und Wilhelm Riphahn begonnen werden.
Bei Kriegsausbruch stellte man die Bauarbeiten zunächst ein, führte sie aber fort, als das

Abb. 149 Am 26. Oktober 1929 wurde der Grundstein für die neuen Universitätsbauten an der Inneren Kanalstraße gelegt

Abb. 150 Das Uni-Hauptgebäude 1952

Abb. 151 Das Wiso-Hochhaus (1987)

Abb. 152 Westteil des Hörsaalgebäudes (1987)

Militär sich für die Kernphysik zu interessieren begann. Dennoch konnte das Zyklotron nicht mehr in dem Turm installiert werden, denn die ständige Bombardierung Lindenthals erforderte 1944 eine Evakuierung des Physikalischen Instituts nach Garmisch. In Köln blieben nur die Trümmer des neuen Instituts und die fertig vorgearbeiteten Teile des Hochspannungsbehälters: 120 Tonnen Schrott, die 1945 geborgen und abtransportiert wurden.

Im Frühjahr 1963 erfolgte auf diesem Gelände der Bau von Schwesternwohnheimen und 1987 die Errichtung eines hochmodernen Dialysezentrums. So ist also die Medizinische Fakultät gewissermaßen Erbe eines Instituts der Mathematisch-Naturwissenschaftlichen Fakultät.

Abb. 153 Das Gebäude der einstigen Pädagogischen Hochschule in der Gronewaldstraße, heutige Erziehungswissenschaftliche Fakultät (um 1977)

Vom Krieler Dömchen bis Christi Auferstehung – Kirchen und Klöster

Das älteste kirchliche Gebäude in Lindenthal stellt der sogenannte Krieler Dom dar, eine Kirche aus dem 10. Jahrhundert, welche dem Erzmärtyrer Stephanus geweiht ist. Das Krieler Dömchen gehört zu den kleinen romanischen Kirchen Kölns und diente bis zum 18. September 1887 nicht nur dem Pfarrgottesdienst der Krieler, sondern auch aller Lindenthaler Katholiken. Die kleine geduckte Kirche besteht aus einem Längsschiff und einem kleinen angebauten Seitenschiff. Man betritt heute die Kirche durch den dem Längsschiff vorgesetzten gedrungenen Turm. Ein früheres Tor in der südlichen Langhauswand ist unter Verwendung eines Grabsteines aus dem Jahre 1658 zugemauert worden. Auch zwei romanische Kreuzsteine (Memoriensteine) sind vermauert worden. An der Südseite befinden sich heute noch hakenförmige Kragsteine, die auf eine frühere Nebenhalle hindeuten, die wahrscheinlich als Gerichtslaube genutzt wurde. Es gab nämlich ein Hofgericht in Kriel, welches man im 15. Jahrhundert in die Vorhalle von St. Gereon in der Kölner Innenstadt verlegte. Zahlreiche Weistümer (Rechtssprüche) sind heute noch nachzulesen. Von den Einrichtungsgegenständen ist der frühromanische Taufstein in der Turmhalle zu erwähnen, der angeblich aus St. Gereon stammt, ferner eine geschnitzte Annaselbdritt. Bemerkenswert sind die älteren Grabsteine des 16.–18. Jahrhunderts auf dem angrenzenden Kirchhof, auf dem schon seit über 100 Jahren keine Beerdigungen mehr stattfinden.

Durch die Beseitigung des alten Gleueler

Südseite

Abb. 154 Das Krieler Dömchen

Abb. 155 Westseite

Abb. 156 Ostseite

Baches, der südlich am Krieler Dom vorbeifloß, und durch den Abriß des Krieles Gutshofes im Jahre 1926 sowie des ehemaligen Pastorates in den siebziger Jahren (!) dieses Jahrhunderts hat sich der Gesamteindruck des Krieler Dömchens und seiner Umgebung

Abb. 157 Die Kaplanei des Krieler Domes um 1930 (in den 70er Jahren abgerissen)

sicherlich sehr gewandelt. Andererseits gehört der Krieler Dom mit seinem Kirchhof zu den schönsten Stücken Lindenthals, zu einem Stück, das weit in die Geschichte zurückreicht – bis in die Zeit Karls des Großen. Untersuchungen an den Mauern ergaben immerhin Datierungen um das Jahr 900. Seine Eigenschaft als Pfarrkirche gab der Krieler Dom an die in den Jahren 1884 bis 1887 in der Bachemer Straße, mitten im damals neuen Lindenthal, gebaute Pfarrkirche St. Stephan ab. Die stark angewachsene Lindenthaler Bevölkerung verlangte nach einem größeren zentral gelegenen Kirchenbau. Für 15 000 Mark kaufte man mit Genehmigung des Regierungspräsidenten, die nach dem Kulturkampf notwendig war, von Fritz von Wittgenstein aus Köln ein zwei Morgen großes Grundstück zwischen Bachemer und Herderstraße als Baustelle für die Kirche, das Pastorat und die Vicarie. Für den Baufonds hatte eine Witwe Jansen zu Weißhaus im heutigen Klettenberg 1000 Mark beigesteuert und die Witwe Sophia Schmitz geborene Ploog vom Stüttgenhof 12 000 Mark. Als an den veranschlagten Summen von 115 109 Mark für die Kirche, 13 500 Mark für das Pastorat und 10 000 Mark für die Vicarie am Ende noch 22 000 Mark fehlten, schenkte die genannte Witwe Jansen der Pfarrgemeinde 1884 zusätzlich den Fehlbetrag unter der Bedingung, daß Kirche, Pastorat und Vicarie auf der angekauften Baustelle nach den Plänen des Kölner Architekten August Carl Lange (1834–1884) gebaut würden. Wegen des frühen Todes des Architekten Lange wurde die Bauleitung und Ausführung dem Architekten Robert Mohr aus Köln anvertraut. Das Besondere an Langes Entwurf war einmal die achteckige Vierungskuppel sowie der auf Eck stehende äußerst spitze Turm mit einer

Abb. 158 Hauptaltar im Krieler Dom um 1930

Abb. 159 Blick auf das wiederhergerichtete alte Krieler Zwergschulgebäude, auf das Krieler Dömchen und auf den Turm von St. Albertus Magnus (1987)

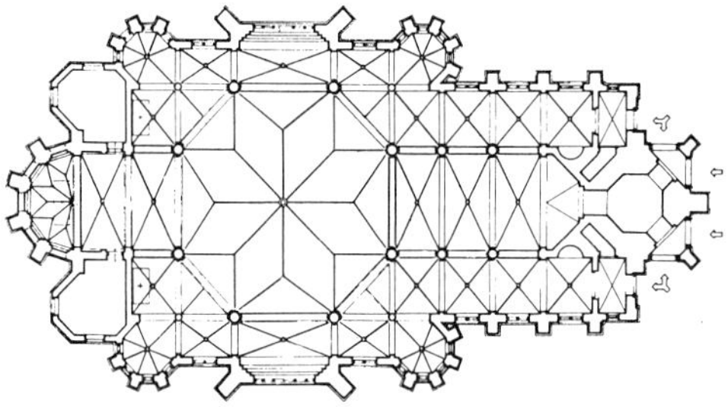

Abb. 160 Der Grundriß von St. Stephan aus dem Jahr 1887

Gesamthöhe von 56,80 Metern, der demzufolge den Spitznamen »Zahnstocher« erhielt. Im übrigen entsprach der Baustil dem Geschmack der Zeit, nämlich der Neugotik. Die Kirche war nicht mehr geostet, vielmehr zeigte der Chor nach Süden. Der Chorabschluß bestand aus einer Mittel- und zwei Nebenkapellen. Die Kuppelkonstruktion brachte es mit sich, daß der Bau im Erdgeschoß ein mächtiges quadratisches Querschiff mit vier Ecktürmen erhielt. Erst die oberen Geschosse ließen die eigentliche Kreuzform des Grundrisses erkennen. In der Besprechung einer Aachener Dissertation über den Architekten Lange heißt es, daß dieser zu den Architekten gerechnet werden müsse, die schöpferisch das neugotische Ideengut mit einem sehr hohen Grad künstlerischer Fähigkeiten in die Aussage des 19. Jahrhunderts umzusetzen vermochten. Auf die schöne Ansicht der Kirche von der Dürener Straße her, genau in der Achse der Wittgensteinstraße, ist schon hingewiesen worden.

St. Stephan wurde im Krieg sehr schwer getroffen, ein Wiederaufbau lohnte sich offensichtlich nicht, abgesehen davon, daß der damalige Zeitgeist den Denkmalwert der Neugotik noch nicht entdeckt hatte. So riß man die Ruine ab und entschloß sich zu einem Neubau (1960/61); nur den Turm, der bis auf seinen Helm den Krieg einigermaßen überlebt hatte, ließ man stehen. Er wurde allerdings nicht in den Kirchenbau wie zuvor integriert, vielmehr steht er heute nach Art eines Campanile vor der Kirche, die im übrigen an der alten Stelle errichtet worden ist. Allerdings ist aus dem neugotischen Turm inzwischen ein teilweise neuromanischer Turm mit flachem Turmhelm geworden, denn die Durchlässe im Erdgeschoß sind mit Rundbögen versehen.

Architekt der neuen Stephanskirche ist der in Lindenthal seit Jahrzehnten ansässige weitbekannte und vielbeschäftigte Architekt Joachim Schürmann, der einen hellen, klargegliederten Kirchenraum geschaffen hat, der aus einem kastenförmigen, durch innere vergoldete Säulen getragenen Stahlskelett

Abb. 161 St. Stephan, der »Zahnstocher«, in Lindenthal

Abb. 162 St. Stephan, durch die Wittgensteinstraße gesehen

Abb. 163 Einholen der neuen Glocken nach dem Ersten Weltkrieg (1923, vor dem St.-Anna-Haus)

Abb. 164 Rückführung der Glocken nach dem Ersten Weltkrieg (1923)

Abb. 165 Altar in St. Stephan (1939)

besteht. Dieses Stahlskelett ist abwechselnd besetzt mit rechteckigen weißen bzw. durchscheinenden Elementen. Das Erdgeschoß der Kirche ist in Anlehnung an den Turm von geschlossenen Ziegelsteinwänden umgeben. Der Skelettbau ähnelt sehr Schürmanns damaligen Privatbauten, von denen einige in Lindenthal stehen, darunter seinem eigenen Haus.

Die Innenausstattung, insbesondere das riesige Kruzifix und die hinter dem Altar stehenden Leuchter stammen größtenteils aus der Zeit des Neubaus der Kirche, also von Anfang der sechziger Jahre, wobei aber auch noch einige Stücke aus der früheren Kirche, die den Krieg überdauert haben, zur Aufstellung gelangt sind. Zu erwähnen ist auch der Tabernakel auf dem Seitenaltar von Hildegard Domizlaff (1898–1987) aus dem Beginn der fünfziger Jahre.

Vor dem Neubau der Stephanskirche diente der neben dem Pfarrhaus in der Bachemer

Straße liegende Saal des sogenannten Vereinshauses als Notkirche. Auch wenn dieses Vereinshaus heute im Giebel die Jahreszahl 1948 trägt, stammt es aus früheren Zeiten, worauf auch die Säulen im Innern hinweisen. Der Saal hat heute nach einer Umgestaltung keinen kirchlichen Charakter mehr. Er wird sowohl von der Pfarre für ihre Zwecke als auch von Lindenthaler Bürgern für Versammlungen genutzt.
In den dreißiger Jahren entschloß man sich, eine weitere Pfarrkirche auf Lindenthaler (ehemals Müngersdorfer) Gebiet zu errichten, und zwar die Auferstehungskirche der Pfarrgemeinde St. Magdalenen im Stadtteil Melaten an der heutigen Brucknerstraße als Endpunkt der Kanalanlage, vom Aachener Weiher aus betrachtet. Obwohl diese Kirche in Stahlskelett-Bauweise errichtet wurde, sollte sie, wie einem Zeitungsartikel zu entnehmen ist, nicht in verfehltem Maße den Charakter einer modernen Sachlichkeit übermäßig betonen, wie z.B. die Kirche in Köln-Riehl (St. Engelbert von Dominikus Böhm). So entstand nach dem Entwurf des Düsseldorfer Architekten Schneider ein nur gemäßigt modernes dreischiffiges Gebäude mit einem zwölfeckigen Turm an der Nordseite der Kirche. Die Turmspitze im Innern als Kuppel ausgeformt, war nicht sehr hoch und ragte gerade über das Mittelschiff hinaus. Auf der Spitze war ein bronzener Phönix angebracht.

Abb. 167 Tabernakel von Hildegard Domizlaff und Kruzifix in St. Stephan (Notkirche)

Abb. 166 St. Stephan heute

Abb. 168 Holzschnitt der Melatener Auferstehungskirche aus den 30er Jahren dieses Jahrhunderts

Abb. 169 Die neue Auferstehungskirche von Gottfried Böhm

Die Auferstehungskirche überlebte beschädigt den Zweiten Weltkrieg, wurde aber Ende der sechziger Jahre wegen Baufälligkeit abgerissen und durch eine aufsehenerregende Kirche des inzwischen weltbekannten und mehrfach preisgekrönten Architekten Gottfried Böhm aus Köln ersetzt. Böhm ist der Sohn des bereits erwähnten Dominikus Böhm, von dem weiter unten auch noch die Rede sein wird. In der neuen Auferstehungskirche kommt Böhms Baustil klar zum Ausdruck. Es gibt keine symmetrische oder rechteckige Gliederung, vielmehr wachsen die einzelnen Teile der Kirche wie ein Gebirge mit vielen Ecken, Winkeln und Kanten nach oben. Bevorzugte Baustoffe sind Beton und Ziegelstein; dazwischen befinden sich viele vertikale Glasfenster, in die Nägel in verschiedener Anordnung und rote Farbe eingelassen sind. Im Innern der Kirche ist seit 1987 eine Edith-Stein-Gedenkstätte eingerichtet.

1963 wurde in Lindenthal eine weitere neue Kirche eingeweiht, und zwar die St.-Thomas-Morus-Kirche in der Decksteiner Straße, ziemlich am westlichen Ende Lindenthals. Dieser Teil Lindenthals war gerade in der Nachkriegszeit stark gewachsen bzw. erstmals voll erschlossen worden. Da man ein weiteres Wachstum Kölns in dieser Richtung erwartete, glaubte man die Notwendigkeit eines neuen Kirchbaus zu erkennen. Der Weg für die Lindenthaler aus dieser Gegend in ihre eigentliche Pfarrkirche St. Stephan war in der Tat ziemlich weit, der in die Krieler Albertus-Magnus-Kirche zwar näher, allerdings war diese Kirche durch die sehr große Krieler Gemeinde voll ausgenutzt, zu der auch Neusülz gehört. Die Gründung der Pfarre St. Thomas Morus erfolgte 1959. Die

Sonntagsgottesdienste für die Gemeindemitglieder fanden bis zur Weihe der Thomas-Morus-Kirche in der Kapelle des St. Elisabeth-Krankenhauses statt. Diesen Zustand wollte die Krankenhausleitung aber nicht für alle Zeit hinnehmen, da dadurch sehr viel Unruhe in das Krankenhaus gebracht wurde.
Architekt der St.-Thomas-Morus-Kirche ist Fritz Schaller, ein in Braunsfeld lebender Architekt, der mit seinen zahlreichen Bauten für die verschiedensten Zwecke den Wiederaufbau Kölns nach dem Kriege maßgeblich geprägt hat. Von ihm stammt auch eine weitere Kirche in Lindenthal, nämlich die Kirche Zum guten Hirten in der Klosterstraße.
Beide Kirchen ähneln einander sehr, für beide hat Schaller die Vorstellung des spitzen Zeltdaches verwirklicht, St. Thomas Morus hat ein Hauptzelt und ein Nebenzelt, während das Hauptzelt in der Klosterkirche drei Nebenzelte besitzt. Den beiden Zeltdächern

Abb. 170 Die Grundsteinlegung der St.-Thomas-Morus-Kirche am 8. Juli 1962

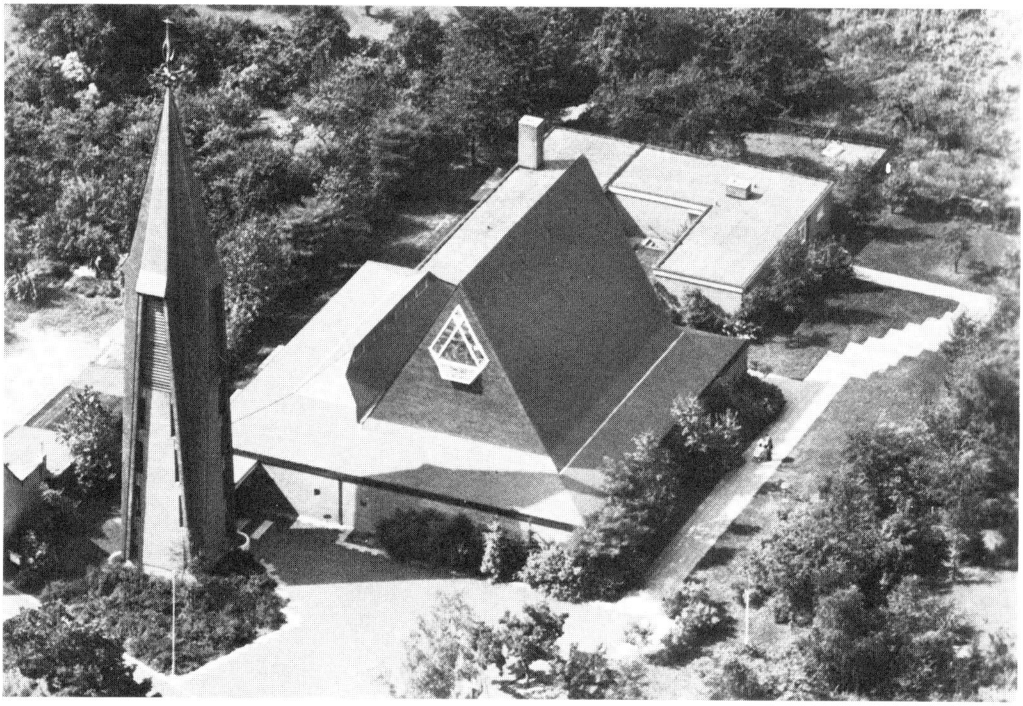

Abb. 171 St. Thomas Morus

Abb. 172 Klosterkirche Zum guten Hirten

entsprechen in St. Thomas Morus ein Hauptschiff mit dem Hauptaltar und ein Nebenschiff mit dem Altar für die Werktagsmessen und für die Orgel. Ein Bruder des Architekten Schürmann, Werner Schürmann, der in Dublin lebt, schuf die Bekrönung des raketenförmigen spitzen Kirchturms, ein waagerechtes Kreuz mit den Symbolen der vier Evangelisten an den Enden.

Die zwei Hauptfenster stammen von dem bekannten Kölner Maler Georg Meistermann, der nicht nur in Köln eine kaum zu überblickende Zahl von Kirchenfenstern geschaffen hat. Die Altäre gestaltete der Kölner Bildhauer Elmar Hillebrand. Vor der Vollendung der Thomas-Morus-Kirche wurden die Werktagsgottesdienste nicht in der Kapelle des Caritas-Krankenhauses gehalten, sondern in einer inzwischen abgerissenen kleinen Notkirche zwischen dem heutigen Kirchengebäude und dem Pfarrhaus. Es handelte sich um einen ehemaligen Paukboden schlagender Studenten. Überhaupt sah die Westseite der Decksteiner Straße in dem Abschnitt zwischen der Dürener Straße und der Werthmannstraße vor dem Kirchenbau ganz anders aus als heute. Es ragten einige alte Häuser mit ihren Ecken, die noch keine Fluchtlinie kannten, in das Straßenland hinein. Zwischen und hinter ihnen gab es eine Wildnis, wie sie sich heute noch hinter der Kirche bis zur Prälat-van-Acken-Straße hin erstreckt. Obwohl es seit einigen Jahren einen Bebauungsplan für dieses Gelände, die letzte Lindenthaler Brache, gibt, ist hier mit Ausnahme des Hauses an der Werthmannstraße und des Pfarrsaalgebäudes von St.-Thomas-Morus hinter der Kirche nichts mehr gebaut worden. Es ist zu wünschen, daß die Ruinen des Platzhofes, als die man sie wohl bezeichnen muß, in irgendeiner Form in einer neuen Bebauung sichtbar bleiben. Ein großer Teil des genannten Geländes gehört dem Kölner Bankhaus I. H. Stein (heute Marcard, Stein & Co. in Hamburg/Köln), welchem auch weitere umfangreiche Teile Lindenthals gehört haben.

Die Krieler Katholiken mußten, nachdem die prächtige Stephanskirche in der Bachemer Straße in Dienst gestellt war, weiterhin mit dem Krieler Dömchen vorliebnehmen, obwohl dieses keine Pfarrkirche mehr war, sondern eine Nebenkirche unter dem Patronat der Heiligen Katharina. In den Jahren 1904 bis 1906 wurde es mit Hilfe vieler alteingesessener Krieler renoviert. Da rund um den Krieler Dom, insbesondere in Richtung Sülz, neue Straßenzüge und Siedlungen entstanden, wurde der Ruf nach einer eigenen Krieler Pfarrgemeinde und einem neuen Kirchengebäude immer lauter. So entstand 1938 zunächst als Rektoratsgemeinde die Pfarre St.-Albertus-Magnus, benannt nach dem Kölner Kirchenlehrer, der erst 1931 heiliggesprochen wurde. Auch Thomas Morus, der englische Lordkanzler und Patron der Nachbarpfarre, war erst 1935 heiliggesprochen worden. Zu einem Kirchenbau in Kriel kam es aber erst nach dem Kriege im Jahre 1951. Bis dahin wurden die Sonntagsgottesdienste in Hohenlind in der Krankenhauskirche St.-Elisabeth gehalten. Architekt des dreischiffigen einfach gehaltenen Kirchenbaus mit freistehendem Turm, beide aus schlichtem Trümmerziegelstein vom alten Opernhaus, war der Krieler Otto Bongartz. Die Kirche ist geostet, der Eingang auf der Westseite ist von einer kleinen Vorhalle umgeben, in der oben ein Mosaikbild des heiligen Albert zu sehen ist. Das Kreuz auf dem Turm trägt eine Wetterfahne in Gestalt eines Posaunenengels (vom Siegel des heiligen Albert), gestaltet von dem genannten Elmar Hillebrand.

Besonders auffallend zeigt sich dem Besucher die Chorwand, auf die ein Fresko des Kölner Kirchenmalers Peter Hecker gemalt ist, das er im Jahre 1962 geschaffen hat. Das Hauptthema, in der Mitte dargestellt, lautet: »Die Verklärung des Herrn auf dem Tabor«. Auf der linken Seite ist die Stadtpatronin Ursula und auf der rechten Seite sind die Heiligen Drei Könige als Stadtpatrone mit dem Kölner Dom im Hintergrund zu sehen. Der Künstler hat auch das Völklinger

Abb. 173 St. Albertus Magnus, rechts die Nordseite des Krieler Domes

Grubenunglück und die Hamburger Flutkatastrophe des Jahres 1962 mit dargestellt. Man betrachtet diese Arbeit Heckers als Ersatz für seine Arbeiten in der im Krieg zerstörten St.-Mechtern-Kirche in Köln-Ehrenfeld, die er in den zwanziger Jahren vollständig ausgemalt hatte. Peter Hecker gestaltete auch ein Albertus- und ein Marienbild für Kriel.

An der entgegengesetzten Seite Lindenthals, in Universitätsnähe, im alten Weyertal, wurde etwa gleichzeitig zur Thomas-Morus-Kirche die Pfarrkirche St. Laurentius von Emil Steffann errichtet. Der Pfarrbezirk von St. Laurentius war bereits 1924 von der Mutterpfarre St. Stephan abgetrennt worden. Doch bis zur Weihung der nahezu quadratischen, aus hellen Ziegelsteinen erbauten Kirche, wurden die Gottesdienste in der Kapelle des Hildegardis-Krankenhauses an der Bachemer Straße gehalten. Die Laurentius-Kirche könnte man aufgrund ihrer Nähe zur Universität auch als Universitätskirche bezeichnen. Man hat den Teil des Kringsweges, an dem sie liegt, vor einiger Zeit »An St. Laurentius« benannt.

Auf Lindenthaler Gebiet befinden bzw. befanden sich aber nicht nur die bisher aufgeführten Pfarrkirchen, sondern auch Klöster mit ihren Kirchen und mehrere Kapellen. An erster Stelle ist das Kloster Weiher zu nennen, das sich an der Gleueler Straße, ca. 1400 m vom ehemaligen Schaafentor entfernt, befunden haben muß. Dieses Damenkloster erlebte eine wechselvolle Geschichte, bis es 1474 im burgundischen Krieg, als Karl der Kühne Köln belagerte, vorsorglich von den Kölnern abgetragen wurde. Dieses Schicksal erlebten alle Bauten im näheren Umkreis Kölns, ebenso die umfangreichen

Abb. 174 St. Laurentius

Wälder. Man wollte durch diese Politik der verbrannten Erde dem Gegner keine Möglichkeit des Versteckens und Verschanzens bieten. Von dem Kloster Weiher sind ebenso wie von dem Leprosenhaus in Melaten noch zahlreiche Urkunden und Siegelabdrücke erhalten.

Die Leprosenanstalt befand sich auf dem Gelände des heutigen Friedhofs Melaten und stellte eine selbständige Einrichtung der Wohlfahrtspflege dar. Die Anfänge gehen bis in das 13. Jahrhundert zurück. Man sprach ursprünglich von einem Kloster des Heiligen Lazarus bei Köln, später von einem Siechenhaus. Überall in Europa siedelte man die Leprosen, d. h. die Aussätzigen, an den Ausfallstraßen vor den Städten an. In Köln gab es auch oberhalb des Bayenturms, in Riehl und am Judenbüchel (»Am toten Juden«) an der Straße nach Brühl Siechenhäuser, wie die alten Karten ausweisen. In Melaten lebten in den Jahrhunderten bis zur Mitte des 18. Jahrhunderts durchschnittlich ca. 20 Kranke. Auf demselben Gelände wohnten aber auch zahlreiche Angestellte und Bedienstete der Anstalt, es wird zum Teil von 100 Insassen berichtet. Geleitet wurde das Leprosenhaus von sogenannten Provisoren, die auch das umfangreiche Vermögen dieser Einrichtung verwalteten. Melaten besaß viele Grundstücke in Köln und Umgebung und war zeitweilig so wohlhabend, daß die Verwaltung dazu überging, Hypotheken auf Häuser auszuleihen. Der Reichtum Melatens stammte hauptsächlich aus der Zeit vor 1385, da ab diesem Zeitpunkt der Rat der Stadt Köln Bestimmungen erließ, wonach Hospitäler und geistliche Personen Zuwendungen von Häusern und Gütern innerhalb von Jahresfrist veräußern mußten. Danach ließ der

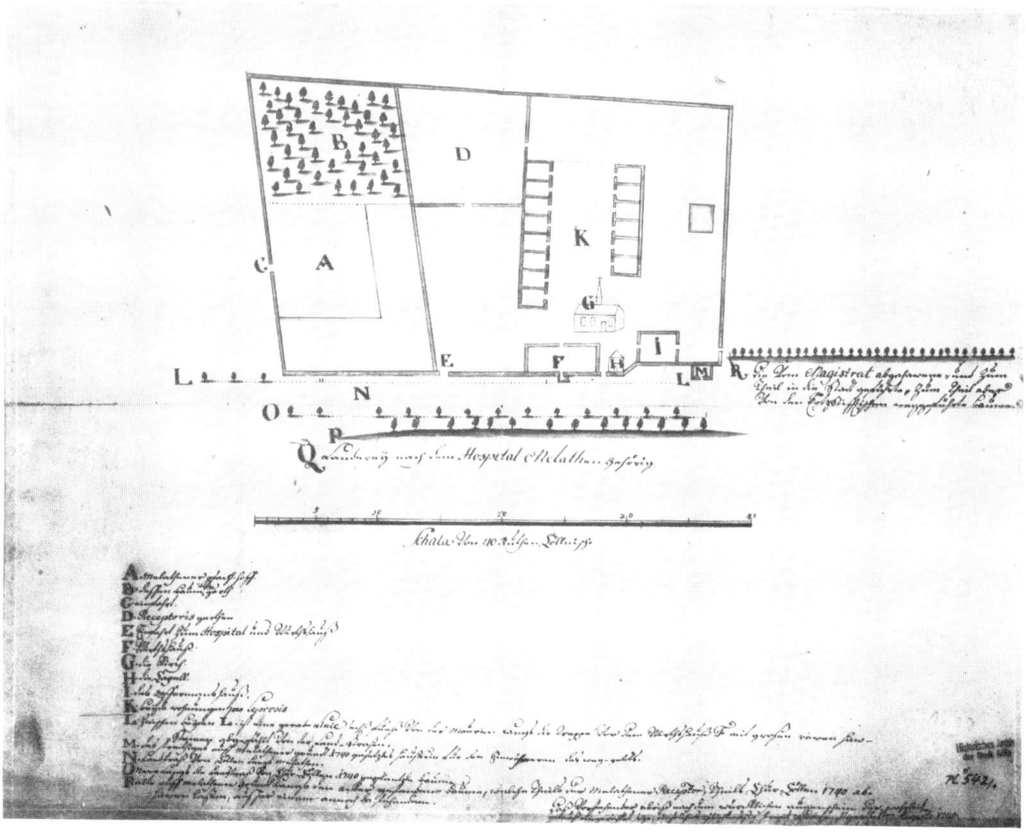

Abb. 175 Das Leprosen-Hospital in Melaten

Spendenstrom nach. 1765 richtete der Rat der Stadt Köln in Melaten ein Zucht- und Arbeitshaus ein, das bis 1810 bestand, als unter französischer Verwaltung als einziger stadtkölnischer Friedhof der Friedhof Melaten eingerichtet wurde. Die Beerdigungen auf den Kirchhöfen hatten aus hygienischen Gründen ab sofort zu unterbleiben.

Die bisherige Leprosen-Kapelle, eine einschiffige kleine Kirche mit Sakristei diente nunmehr als Friedhofskapelle, bis sie auch in dieser Funktion von einer Trauerhalle weiter nördlich inmitten des Friedhofsgeländes abgelöst wurde. Die heute noch bestehende alte Trauerhalle wurde nach dem Zweiten Weltkrieg in ihrer Funktion wiederum abgelöst von einer neuen Trauerhalle an der Piusstraße, die der schon erwähnte Architekt Fritz Schaller gestaltet hat.

An das Siechenhaus Melaten erinnern außer einem steinernen Denkmal eines Leprosenmännchens mit einer Klapper in der Hand auch noch mehrere Siegel der Provisoren. Eines zeigt den armen Lazarus, der beim reichen Prasser anklopft.

Die erste Kapelle auf dem Melatener Gelände wurde 1245 von Erzbischof Konrad von Hochstaden der heiligen Dreifaltigkeit, der heiligen Maria und dem heiligen Dionysius geweiht.

Die spätere Siechenkapelle, dem Heiligen Johannes dem Täufer und dem Heiligen Lazarus geweiht, wurde 1916 als St. Johann Baptist zur Melatener Pfarrkirche erhoben. Sie ist damit der Vorläufer der heutigen Auferstehungskirche. Der Zweite Weltkrieg hinterließ deutliche Spuren an der Kapelle, die heute hauptsächlich von der griechisch-orthodoxen Gemeinde genutzt wird.

Auf alten Plänen finden wir auch eine Kapelle St. Georg (St. Joris), und zwar im östlichen Teil Lindenthals, etwa 700 m vom Schaafentor entfernt, neben der der St.-Gorris-Friedhof lag. Auch gab es eine Kapelle der Heiligen Anna, ungefähr da, wo heute das Heiligenhäuschen an der Ecke Dürener Straße/Prälat-van-Acken-Straße steht. An die Heilige Anna erinnert vielleicht das St.-Anna-Haus in der Herderstraße und möglicherweise das Patronat der früheren Lindenburger Anstaltskirche. Die Georgskapelle wird erstmals 1587 erwähnt, die St.-Anna-Kapelle 1696. Auch die Kitschburg besaß im vergangenen Jahrhundert eine Hauskapelle. Nicht allein der Universitätsklinik war eine Anstaltskapelle angegliedert, die sich an der Hauptfront in der Josef-Stelzmann-Straße befand, sondern allen Krankenhäusern in Lindenthal. Auf dem Lindenburggelände gab es auch schon vor den Neubauten der Jahre 1905 bis 1909 eine Kapelle mit einem Convent der Cellitinnen aus der Severinstraße, der 1905 41 Schwestern umfaßte.

Eine neugotische Kapelle als Anbau in den Garten hinein besitzt heute noch das St.-Anna-Haus in der Herderstraße, während eine ähnliche Kapelle des früheren Alexianerklosters in der Bachemer Straße und heutigen Hildegardis-Krankenhauses 1967 durch einen Neubau von Gottfried Böhm ersetzt worden ist. Auch die Lindenburg hat wieder eine neue Anstaltskirche (1962 bis 1965), die Johannes dem Täufer geweiht ist. Architekt ist wiederum Gottfried Böhm. Der rechteckige, nicht sonderlich hohe Betonbau mit einem mehrfach gefalteten Dach besitzt ein umlaufendes Fensterband, dessen schwarze Metallteile sich wie Teile einer Dornenkrone nach innen und außen fortsetzen. Die runden, freistehenden Beichtstühle aus Beton im Innern wurden seinerzeit als Schornsteine apostrophiert, in denen die Sünden zum Himmel geblasen werden. Mit der Kirche verbunden ist ein mehrflügeliges Ordensschwesternhaus mit einem spitzen Türmchen im Innenhof.

Abb. 176 Leprosenmännchen mit Klapper (heute im Stadtmuseum)

Die Kapelle des Caritas-Krankenhauses wurde von Dominikus Böhm 1932 erbaut. Böhm hatte sich auch an dem Wettbewerb um den eigentlichen Krankenhausneubau beteiligt, erhielt aber nur den Auftrag zum

Abb. 177 St.-Anna-Kapelle in der Gebäudegruppe der Lindenburg an der Stelzmannstraße (um 1910)

Kirchenbau. Für den Krankenhausbau wurden die Pläne der Düsseldorfer Architekten Haake und Tietmeyer bevorzugt. Die Ausführung lag bei einer Arbeitsgemeinschaft unter der Federführung der heute in Lindenthal ansässigen Firma Peter Bauwens. Böhm schuf einen in der damaligen Zeit hochgerühmten Bau, eine schlichte, hohe, dreischiffige Hallenkirche mit nach Norden gerichtetem halbrundem Chorabschluß. Diese Kirche wurde im Zweiten Weltkrieg relativ wenig zerstört, allerdings führten die Beschädigungen dazu, daß der schwarze Marmor des unteren Teils der Kirche, welcher für die nichtkranken Gottesdienstbesucher bestimmt war, später entfernt wurde. Dadurch wurde die Kirche im unteren Teil heller, andererseits aber in ihrem Charakter sehr verändert. Schlanke quadratische Pfeiler, früher auch mit schwarzem Marmor verkleidet, tragen das hohe Flachdach. Ebenfalls hohe Rundbogenfenster lassen die ganz in weiß gehaltene Kirche hell und licht erscheinen. Nur der Chor auf der Ebene der Krankengalerien, der ursprünglich in wechselnder Reihenfolge jeweils mit einem großen bestickten Tuch geschmückt war, ist fensterlos. Er wurde nach dem Zweiten Weltkrieg von dem schon erwähnten Kirchenmaler Peter Hecker ausgemalt, und zwar mit Darstellungen aus der Geheimen Offenbarung des heiligen Johannes (Generalthema: die himmlische Liturgie).

Abb. 178 Die neugotische Kapelle des St.-Anna-Hauses

Abb. 179 St. Johannes der Täufer und Ordensschwesternhaus der Universitätskliniken in Köln

Abb. 180 Innenansicht der Kirche St. Johannes der Täufer

Abb. 181 Die Kapelle des St.-Elisabeth-Krankenhauses

Auch hier hat es Stimmen gegeben, die darin eine Abkehr von der ursprünglichen Bauidee sahen. Das Besondere an der Hohenlinder Kirche sind im 1. Stock die rechts und links gelegenen Galerien, und im zweiten und dritten Stock die Emporen gegenüber dem Altarraum, die ausschließlich für die Kranken vorgesehen sind. Auf die Galerien können liegende und sitzende Kranke auf fahrbaren Betten und Stühlen geschoben werden. Vom tiefergelegenen mittleren Kirchenschiff aus, kann der im 1. Stock seitlich gelegene Nonnenchor nicht eingesehen werden. Das Krankenhaus, seinerzeit das größte Westdeutschlands, wird von Anbeginn an von den Hiltruper Missionsschwestern betreut. Nach dem Gründer Johannes van Acken ist die auf das Krankenhaus von der Dürener Straße her zulaufende ehemalige Dorfstraße benannt worden, während die vor dem Krankenhaus herführende Straße nach dem Begründer des Deutschen Caritasverbandes Lorenz Werthmann benannt ist. Prälat van Acken ist in dem kleinen Chorraum hinter der Krypta der Kirche begraben. Diese Grabkapelle entstand erst später nach einem Umbau der Krypta; in Grabkapelle und Krypta sowie den Seitenkapellen unter den Krankengalerien befinden sich mehrere Kunstwerke, vornehmlich aus Eisen, die der Düsseldorfer Künstler Ewald Mataré während des Zweiten Weltkrieges geschaffen hat. Er hat darüber in seinen Tagebüchern ausführlich berichtet. Sein herausragendstes Kunstwerk in Hohenlind, aber auch sehr bedeutend innerhalb seines gesamten Schaffens ist der aus Holz geschnitzte Schmerzensmann. Man konnte ihn nach dem Kriege in vielen Ausstellungen sehen, zuletzt noch im Jahre 1987 im Kölnischen Kunstverein aus Anlaß des 100. Geburtstages Matarés. Hervorzuheben ist das Mosaikbild der Madonna von Hohenlind von Ludwig Baur.

Als klösterliche Gemeinschaft ist ferner der Konvent der Alexianerbrüder an der Bachemer Straße, ungefähr an der Ecke zur Universitätsstraße, zu nennen. Die Alexianerbrüder, die ihr Leben der Pflege der Kranken, insbesondere der Geisteskranken weihen, wollten ihr Institut aus der Wolkenburg in der Innenstadt, nahe der Kirche St. Mauritius, in einen Vorort verlegen. Sie kauften Ende des vergangenen Jahrhunderts das genannte Gelände in einer Größe von $6^{1}/_{2}$ Morgen. Am 1. Februar 1901 konnte der Orden das neue Haus, ein regelrechtes Krankenhaus mit 180 Betten und außerdem mit Platz für 85 Pensionäre und 70 Kleinrentner der Stadt Köln, einweihen. Zunächst wurden nur Männer aufgenommen. Zeitweilig erreichte die Zahl der Kleinrenter 225, die später aber zum großen Teil in die neuerrichteten Riehler Heimstätten abwanderten. Das Krankenhaus wurde im neugotischen Stil errichtet und war mit zwei Eck- und einem Mittelrisaliten verziert; letzterer besaß nicht nur zwei Figuren an seiner Front, sondern auch zwei flankierende Türme und einen spitzen Mittelturm über dem gesamten Gebäude. Die 84 Meter lange Fassade war aus Sandstein errichtet. Nach hinten

Abb. 182 Madonna von Hohenlind von Ludwig Baur

Abb. 183 Das Alexianerkloster in der Bachemer Straße

Abb. 184 Das Alexianerkloster, Gesamtanlage

erstreckten sich hufeisenförmig zwei Seitenflügel und in der Mitte die genannte neugotische Kapelle. Die Alexianer, die auch die heute noch bestehende, viel größere Anstalt in Porz-Ensen betrieben, haben das Krankenhaus und Kloster nicht gehalten, sondern 1938 an die Cellitinnen abgegeben, die es in St.-Hildegardis-Krankenhaus umbenannten.

Noch unter den Alexianern wurden das östlich des Hauses gelegene Fabrikgrundstück und weitere Grundstücke hinzuerworben, so daß das ursprüngliche Areal damit erheblich vergrößert wurde. Die Alexianer besaßen damals in Lindenthal nicht nur das Kloster an der Bachemer Straße 33, das 1905 von 57 Brüdern bewirtschaftet wurde, sondern zur selben Zeit auch ein Haus mit Kapelle an der Gleueler Straße 42, in dem 19 Brüder lebten. Hierbei handelte es sich um eine damals sogenannte Irrenanstalt, in der bis zu 100 unheilbare Geisteskranke und Epileptiker untergebracht waren. Die Alexianer hatten das Gebäude 1887 von demselben Herrn Maaßen erworben, dem auch die später städtische Lindenburg in der Nachbarschaft gehörte. 1908 wurde die Anstalt nach Porz-Ensen verlegt, da das Haus trotz aller Modernisierungsversuche zu veraltet war.

Die eben erwähnten Cellitinnen führten schon vor dem heutigen Hildegardis-Haus das St.-Anna-Haus in der Herderstraße 32–34, das 1905 von 29 Cellitinnen bewohnt wurde. Dieses Annahaus, das den Zweiten Weltkrieg mit einigen späteren baulichen Anpassungen überstanden hat, erfüllte nach dem Krieg jahrzehntelang seine Aufgabe als allgemeines Krankenhaus, während es heute nur noch als Alten- und Pflegeheim dient.

Die Cellitinnen zur heiligen Maria in der Kupfergasse hatten das St. Anna-Haus in Lindenthal im Jahre 1888 als Haus für altersschwache und erholungsbedürftige weibliche Personen, ambulante Krankenpflege, Bewahr- und Handarbeitsschule und als Noviziat gegründet. Einschließlich der Postulantinnen und Novizinnen lebten im Jahr 1909 dort 65 Ordensfrauen unter Leitung der Schwester Liboria Weitz.

In der Klosterstraße befindet sich seit über

Abb. 185 Das St.-Anna-Haus in der Herderstraße

100 Jahren das namengebende Kloster Zum Guten Hirten. Die frühere Klosterkirche Zur Schmerzensreichen Mutter wurde ebenso wie fast alle alten Bauten auf dem Gelände in den sechsziger Jahren abgerissen. Die dunklen Ziegelsteinhäuser glichen den Gebäuden des gleichen Ordens an der Aachener Straße in Junkersdorf, die in den siebziger Jahren ebenfalls abgerissen wurden.

Abb. 186 Das Kloster Zum Guten Hirten in der Klosterstraße (um 1885)

Auf dem Klostergelände in Lindenthal wurde früher eine Erziehungsanstalt für sogenannte gefallene und gefährdete Mädchen betrieben. Dazu gehörte auch eine Wäscherei, bei der man noch nach dem Zweiten Weltkrieg Wäsche waschen und mangeln lassen konnte. Auf den Waschkörben stand »Melaten«. Heute unterhält der Orden auf dem Gelände Fortbildungseinrichtungen für Jugendpflege und Heimerziehung.

Die frühere Klosterkirche besaß drei auf einen sechseckigen Zentralraum zulaufende Flügel in neugotischem Stil, wovon je ein Flügel für die Büßerinnen, die Schwestern und die Gemeinde vorgesehen war. Nachdem aufgrund einer Anregung aus dem Jahre 1852 zunächst ein Haus für die geistlichen Schwestern des Ordens Unserer lieben Frau vom guten Hirten aus Charlottenburg (Berlin) und einige Mädchen im Jahre 1862 fertiggestellt worden war, und zwar nach dem Entwurf des bekannten Kölner Architekten Vincenz Statz, wurde 1872 aufgrund des starken Anstiegs der Zahl der Büßerinnen ein eigenes zweites Haus nur für die Pfleglinge oder Büßerinnen errichtet. 1882 schließlich erbaute der Rektor J. Bong die genannte dreiflügelige Radialkirche und weitere Wohn- und Wirtschaftsgebäude. Im Jahre 1888 lebten dort 160 Büßerinnen und 26 Schwestern sowie weitere Angestellte. 1905 war die Zahl auf 92 Schwestern angestiegen.

Auf dem Gelände des größtenteils unbebauten Klostergartens, welcher noch von seiner alten, mit Spitzbögen verzierten Mauer umgeben ist, soll in Kürze für die Domsingschule ein eigenes Gebäude entstehen. Bisher ist diese in behelfsmäßigen Räumen auf dem Grundstück der Liebfrauenschule in der Nachbarschaft untergebracht.

Die Cellitinnen aus der Antonsgasse (in der Nähe der Schildergasse in der Innenstadt Kölns) errichteten nach dem kriegsbedingten Verlust ihres Hauses ein neues Kloster zur Heiligen Elisabeth als Mutterhaus an der Gleueler Straße 365. Die mehrflügelige Anlage aus Ziegelstein, noch vor wenigen Jahren erweitert, umfaßt auch eine Kapelle. Architekt des Neubaues im Jahr 1953 ist Karl Band, der auch das Rathaus und den Gürzenich wiederaufgebaut hat. Dem Kloster ist ein großes Altenheim angegliedert.

Von besonderer Bedeutung ist das Kloster der Karmelitinnen an der Dürener Straße 89, in dem im Jahr 1905 19 Schwestern lebten. Dieses Kloster und die angeschlossene, dem heiligen Joseph geweihte Kirche, beide im neugotischen Stile erbaut, sind trotz ihrer völligen Zerstörung im Zweiten Weltkrieg heute wieder sehr bekannt, da dort die am 1. Mai 1987 von Papst Johannes Paul II. im Kölner Stadtion seliggesprochene Edith Stein

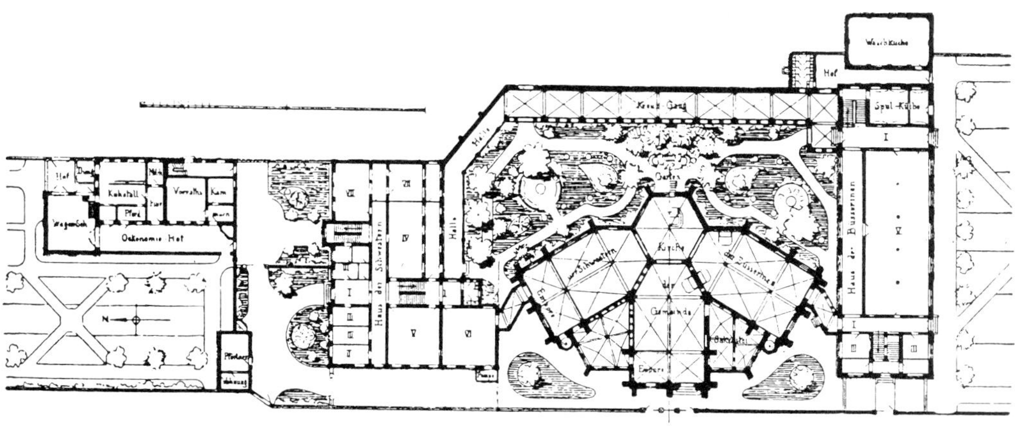

Abb. 187 Das Kloster Zum Guten Hirten, Grundriß des Erdgeschosses

Abb. 188 Das Kloster Zur Heiligen Elisabeth an der Gleueler Straße

von 1933 bis 1938 als Nonne lebte. Edith Stein war vom jüdischen Glauben zum Katholizismus konvertiert und 1933 in den Karmel eingetreten. Von 1939 bis zu ihrem Tode in den Gaskammern von Auschwitz im Jahre 1942 lebte sie im Karmel in Echt in Holland. Die Schwestern hatten das Grundstück an der Dürener Straße im Jahre 1897 gekauft. Schon im Jahre 1899 konnten sie nach Köln zurückkehren, nachdem sie durch den Kulturkampf aus Köln und aus Deutschland vertrieben worden waren. Nach dem Ersten Weltkrieg betrieb der Lindenthaler Karmel bis zum Jahre 1922 einen Kinderhort, um gegenüber klosterfeindlichen Kreisen in der Regierung der jungen deutschen Republik einen praktischen Nutzen für die Umwelt nachzuweisen.

Nach dem Kriege zogen die Karmelitinnen wieder in das schon früher von ihnen bewohnte Kloster an der Schnurgasse in der Kölner Innenstadt um.

Der erste evangelische Kirchenbau wurde in den Jahren 1900/1901 an der Gleueler Straße auf dem Lindenthalgürtel errichtet. Es handelte sich um einen frühgotischen Backsteinbau von zentraler Grundform. Die Kirche hatte zunächst keinen besonderen Namen

Abb. 189 Carmeliterkloster an der Dürener Straße 89

Abb. 190 Edith Stein

und wurde deshalb als »rote Kirche« bezeichnet. Dieser Name haftet ihr auch noch heute an, obwohl sie, im Zweiten Weltkrieg schwer zerstört, in einfacherer Form und mit niedrigerem Turm 1951 wieder aufgebaut und hellverputzt wurde. Sie heißt offiziell Paul-Gerhardt-Kirche.

1977 entstand an der Dürener Straße/Ecke Herbert-Lewin-Straße 4 (frühere Haedenkampstraße) die Matthäuskirche von Peter Busmann. Sie fällt als Kirchengebäude nicht sehr auf, da sie in andere kirchliche Gebäude integriert ist. Einige Jahre später entstand am Ende der Gleueler Straße, fast an der Militärringstraße, die Dietrich-Bonhoeffer-Kirche (An der Decksteiner Mühle 1), die zu einem Altenheim der Klarenbachstiftung gehört. Bei der Bonhoeffer-Kirche handelt es sich um einen relativ kleinen, modernen Zentralbau.

Die Verwaltung der evangelischen

Gemeinde Lindenthal befindet sich am Lindenthalgürtel 30 gegenüber der Paul-Gerhardt-Kirche.
Nicht weit davon entfernt, an der Ecke Kermeterstraße/Birresborner Straße, liegt die Neuapostolische Kirche. Vor dem Zweiten Weltkrieg befand sich das Gotteshaus dieser Gemeinde an der Dürener Straße 246.
Die freie evangelische Gemeinde, die 1986 ihr 125jähriges Jubiläum feierte, hält ihre Gottesdienste in der Clarenbachstraße 180 ab.
Die Zeugen Jehovas versammeln sich in ihrem Königreichssaal in der Lindenburger Allee. Auch die Christengemeinschaft Rudolf Steiners ist in Lindenthal vertreten, und zwar im Weyertal 96. (Man erkennt die Gebäude der Anthroposophen daran, daß Fenster und Türen oben meist nicht rechtwinklig abschließen, sondern die Ecken abgeschrägt sind.)

Abb. 191 Die Paul-Gerhardt-Kirche um 1900 …

Abb. 192 …1945

Abb. 193 …heute

Abb. 194 Die Neuapostolische Kirche (1987)

Abb. 195 Freie evangelische Gemeinde in der Clarenbachstraße 180 (um 1980)

Vom Irrenhaus zur Universitätsklinik – gesundheitspflegerische Einrichtungen

Von den katholischen Krankenhäusern und sozialen Einrichtungen ist in anderen Zusammenhängen bereits die Rede gewesen, so daß wir uns hier auf das Evangelische Krankenhaus im Weyertal und auf die Universitätskliniken beschränken können. Das Evangelische Krankenhaus ist in den sechziger Jahren an die Stelle eines alten Backsteinbaus getreten, der etwas südlicher und damit näher am Geusenfriedhof an der Kerpener Straße lag. Die Gründung des Krankenhauses beruht auf namhaften Stiftungen der bekanntesten evangelischen Familien Kölns vom Ende des vergangenen Jahrhunderts.

Abb. 196 Das alte Evangelische Krankenhaus im Weyertal

Die Tafeln mit den Namen der Stifter sind heute im Eingangsbereich des Neubaus angebracht. Das ältere Evangelische Krankenhaus wurde im Pavillon- bzw. Blocksystem von der Firma Robert Perthel, die 1987 hundert Jahre alt wurde, erbaut und im Oktober 1902 eröffnet. Der Architekt war Alfred Ludwig aus Leipzig. Die Grundstücksgröße betrug 32 000 qm.

Schräg gegenüber dem Evangelischen Krankenhaus befand sich in der Kerpener Straße 30/Ecke Weyertal das Evangelische Waisenhaus, früher auch Karl-Immanuel-Küpper-Stift genannt. Dieses Haus verdankte seine Entstehung einer hochherzigen Stiftung der Frau Luise von Maaßen geborene Mumm. 1902 wurde es seiner Bestimmung übergeben, die deutsche Kaiserin übernahm die Schirmherrschaft über die Anstalt. Das Gebäude besteht heute noch und beherbergt verschiedene Universitätsinstitute. Die Jahreszahl 1902 prangt wie früher über dem barocken Portal. Die umfangreiche Garten- und Spielplatzanlage hinter dem Hause, auf der Anfang des Jahrhunderts 123 Kinder spielten und sich erholten, ist heute zu einem Parkplatz herabgesunken. Die Kinder wurden in dem geräumigen Gebäude zusätzlich noch in einer vierklassigen Schule unterrichtet.

Es gab auch ein Jüdisches Waisenhaus in der Klosterstraße 43. Die israelitische Waisenstiftung wurde um 1878 gegründet; die Zahl der Kinder, die nur aus der Kölner Synagogengemeinde stammten, schwankte zwischen 20 und 25. Die Kinder besuchten die Lindenthaler Volksschule. Nach einem Bericht aus dem Jahre 1908 sollte das Haus verlegt werden. Offensichtlich handelte es sich bei dem neuen Gebäude um ein an der Aachener Straße, in der Nähe der Hültzstraße, schon in Braunsfeld liegendes Haus. Ferner bestand in der Nähe der Falkenburg das sogenannte West-Sanatorium, an der Virchowstraße die geburtshilfliche Stadtwaldklinik und in der Franzstraße 5 das Schwesternhaus des Roten Kreuzes. Später

Abb. 197 Das frühere Evangelische Waisenhaus in der Kerpener Straße, Ecke Weyertal

Abb. 198 Das St.-Anna-Haus in der Herderstraße (heute ein Seniorenheim)

hat ein Schwesternhaus in der Landgrafenstraße zwischen Bachemer Straße und Uhlandstraße existiert, heute ist dort eine Wirtschaftsprüfungs- und Treuhandgesellschaft untergebracht, die katholische Klöster und Organisationen berät. Schräg gegenüber finden wir ein privates Altenstift für Damen, das Haus Luise.

Bevor wir auf den Kern und Ursprung der Krankenpflege in Lindenthal zu sprechen kommen, nämlich auf die Lindenburg, sollen die heutigen katholischen Krankenhäuser auch im Bild vorgestellt werden.

Mit Lindenburg bezeichnete man ursprünglich das Landgut bzw. Landhaus, das zwischen der Bachemer und Gleueler Straße im westlichen Teil Lindenthals lag. Das Anwesen gehörte den Antonitermönchen aus Köln. Das Gelände wurde durchflossen von dem Gleueler Bach, der in einen Weiher vor dem Hildegardis-Krankenhaus mündete, dort, wo sich heute die Bachemer Straße zu einer Grünanlage verbreitert. Das auch »Tönnishäuschen« genannte Landhaus hat noch bis in dieses Jahrhundert hinein als Verwaltungsgebäude bestanden. Es entsprach in seinem Umfang und seiner Gestalt der Kitschburg. Auf alten Karten lesen wir den Namen Antonius Weyer. Die Bezeichnung Lindenburg ist wohl volkstümlich. Offensichtlich umstanden die auch sonst in Lindenthal zahlreichen Linden das burgähnliche Gebäude. Das Gelände des Tönnishauses wurde nach der Säkularisation (1802) von der französischen Domänenverwaltung veräußert. Einen Großteil des Geländes kaufte die Familie Engels, und zwar ein Josef Engels und ein H. J. Engels, letzterer zusam-

Abb. 199 Das Hildegardis-Krankenhaus an der Bachemer Straße (1979)

Abb. 200 Das St.-Elisabeth-Krankenhaus Hohenlind mit Wohnheimen (1976)

men mit Heinrich-Josef Weyer, dem Vater des späteren Kölner Stadtbaumeisters Johann Peter Weyer. Der später als Eigentümer geführte Kaufmann und Kammerherr, Stadtverordnete und Kunstsammler (Josef) Philipp Engels hat es offensichtlich geerbt, denn er war erst 1788 geboren. Er starb 1867 in Köln. Engels verkaufte das Gelände 1848 an den aus dem Orden ausgetretenen Alexianermönch Peter Josef Lennartz, der bis dahin Direktor der Kranken-und Irrenverpflegungsanstalt in den sogenannten Stein'schen Gärten bzw. Stein's Garten (an der Schnurgasse in Köln) war. Lennartz verfaßte 1848 eine Dienstanweisung für die Wärter und Wärterinnen in seiner konzessionierten Privatanstalt. Er eröffnete 1855 in der Lindenburg eine private »Kranken-Heil- und Irrenverpflegungsanstalt«. Wegen offensichtlicher Mißhandlung seiner Patienten mußte er schon ein Jahr später die Lindenburg aufgeben, die dann in die Hand des damaligen Verwalters der Stein'schen Gärten gelangte und zwar eines Herrn Maaßen. Maaßen schloß mit der Stadt Köln einen Vertrag zwecks Übernahme der städtischen Kranken aus den Stein'schen Gärten. Der zunächst für sechs Jahre geschlossene Vertrag wurde später um 12 Jahre verlängert. 1872 waren 131 Kranke untergebracht. Da es in der Lindenburg keine ständige ärztliche Versorgung gab, behielt man nicht sicher konstituierte Fälle noch im Bürgerhospital in der Nachbarschaft der Cäcilienkirche. Außerdem kamen Patienten mit plötzlich auftretenden psychischen Erkrankungen und sogenannte aufgeregte oder tobende Kranke nicht in die Lindenburg, sondern blieben in der Stadt. Das führte für die Stadt Köln zu untragbaren Verhältnissen, so daß man nach einigem Hin und Her 1872 Maaßen die Lindenburg abkaufte. Dies wurde der Stadt ermöglicht durch eine großherzige Stiftung des Kommerzienrats Johann Heinrich Richartz, der schon das Gebäude für das Wallraf-Richartz-Museum, das 1861 einge-

Abb. 201 Ansicht der Lennartzschen Anstalt um die Mitte des 19. Jahrhunderts

weiht worden war, gespendet hatte. Zwar war Richartz schon am 22. April 1861 verstorben, aber in seinem Testament hatte er der Armenverwaltung der Stadt Köln eine Summe von 100 000 Talern zur Errichtung einer städtischen Irrenanstalt vermacht. Er hatte in seinem Testament geschrieben: »Da es in meinem Leben mir stets die angenehme Aufgabe gewesen, meine Glücksgüter zur Verherrlichung und zur Verschönerung meiner Vaterstadt Köln, zur Erleichterung meiner Mitbürger, zu verwenden, so empfinde ich ein beglückendes Gefühl darin, auch nach meinem Ableben zur Unterstützung und zur Linderung der Noth meiner bedürftigen Mitbürger Sorge zu tragen, und vermache deshalb der Armenverwaltung Köln die Summe von 100 000 Talern Pr. Ct. zur Gründung einer städtischen Irrenanstalt, bloß für Kölnische Leute, mit der Bedingung, daß dieselbe unter weltliche Administration komme und stets verbleibe.«

Diese letzte Bestimmung hatte insofern langanhaltende Bedeutung für das Pflegepersonal der Lindenburg, als die Schwestern vom Orden der Augustinerinnen (Cellitinnen) ansonsten überall in der Lindenburg Dienst taten, nur nicht in der psychiatrischen Klinik, die immer nur von weltlichem Personal betreut wurde.

Der an Maaßen zu zahlende Kaufpreis betrug 118 000 Taler, die fehlenden 18 000 Taler konnten aus dem Stiftsvermögen des früheren Hospitals St. Revilien genommen werden, das 32 000 Taler betrug. Leiter der Anstalt wurde bis 1874 Dr. Cramer aus Solothurn in der Schweiz, dessen Nachfolger Dr. Heinrich Laudahn (1830–1900), nach dem eine Straße in Lindenthal benannt ist. Zunächst wollte die Stadtverwaltung die Lindenburg gehörig ausbauen, bis auf 500 Betten, sah aber spätestens 1896 davon ab, als die Rheinprovinz beschloß, in Galkhausen bei Langenfeld eine Anstalt mit 800 Betten zu errichten, die im Jahre 1900 eröffnet wurde. So blieb die Lindenburg eine kleinere Anstalt, die nur Kranke aufnahm, die vier bis sechs Wochen bleiben sollten. In den Jahren 1895 bis 1898 wurden auf dem Lindenburggelände noch weitere Krankengebäude errichtet, die nicht zur Irrenanstalt gehörten, nämlich drei TBC-Baracken, der große sogenannte Moritz'sche Pavillon und eine Reihe von Wirtschaftsgebäuden. (Der Moritz'sche Pavillon wurde nach seinem Erbauer, dem bekannten Kölner Architekten Carl Moritz benannt, der unter anderem 1904 die Kölner Oper errichtete. Dieser ist nicht zu verwechseln mit Friedrich Moritz (1861–1938), der u. a. ärztlicher Direktor der gesamten Krankenanstalten Lindenburg sowie Rektor und Ehrenbürger der Universität Köln war.) Dieser Moritz'sche Pavillon, der Platz für 176 Kranke bot, hat als Hautklinik noch bis in die siebziger Jahre hinein bestanden. Der Moritz'sche Pavillon, anfangs auch Tuberkulosepavillon genannt, stellte den östlichen Abschluß der alten Gebäude auf dem Lindenburggelände dar, ungefähr in Höhe des historischen Verwaltungsgebäudes (Tönnishauses). Gleichzeitig bildete er den Abschluß der Neubauten, die zu Anfang dieses Jahrhunderts errichtet wurden. Wenn man damals durch das Verwaltungsgebäude an der Joseph-Stelzmann-Straße trat und über die mittlere Gartenanlage hinwegsah, erblickte man am Ende den breiten Querriegel dieses Gebäudes.

Die großen Neu- und Umbauten auf dem Lindenburggelände erfolgten bereits in den Jahren 1905 bis 1909 durch Johannes Kleefisch. Die neuen Bauten sollten das vom Stadtbaumeister J. P. Weyer in den vierziger Jahren des vorigen Jahrhunderts erbaute Bürgerhospital und das 1888 auf dem Gelände des alten Fort V zwischen Südbahnhof und Zülpicher Straße erbaute Augustahospital entlasten.

Kleefisch war genauso wie Carl Moritz Stadtbauinspektor. Die Neubauten erfolgten in dem damals üblichen Pavillonsystem. Ausgehend von der Joseph-Stelzmann-Straße, die sich in Nord-Süd-Richtung erstreckt, wurden auf den Moritz'schen Pavillon zu jeweils fünf parallellaufende Gebäude errichtet, die durch schmale Gänge miteinander verbunden waren. Zur Joseph-Stelzmann-Straße hin vorgelagert wurden das Verwaltungsgebäude, die neuromanische Kapelle und das Schwesternhaus errichtet. Rechts von dem Verwaltungsgebäude befand sich die Aula und noch weiter nordwärts das Pensionärshaus. Dieses ist das einzige alte Klinikgebäude, das heute noch an der Joseph-Stelzmann-Straße steht. Außerdem sind noch einige Gebäude der nördli-

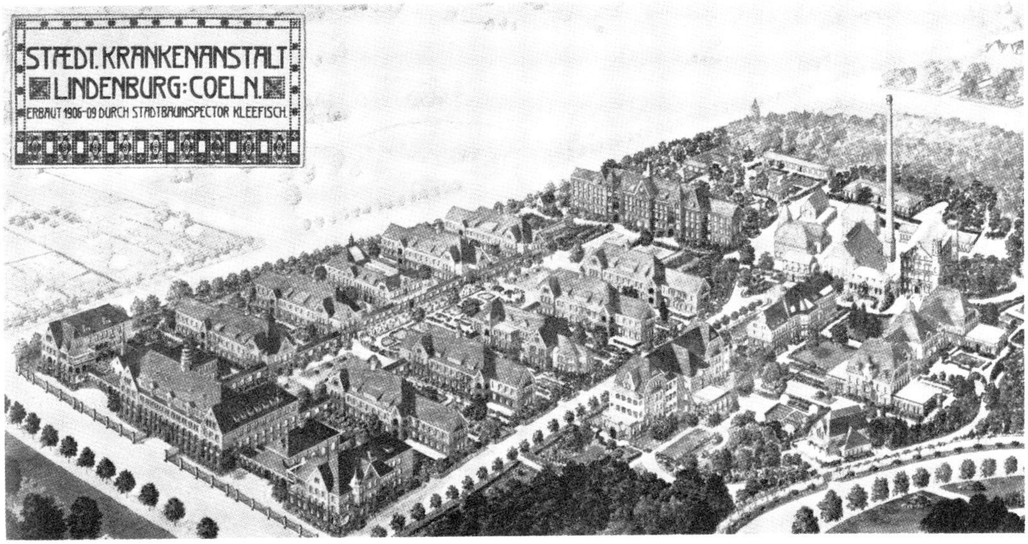

Abb. 202 Modell der 1906–1909 erbauten Städtischen Krankenanstalt Lindenburg

Abb. 203 Krankenanstalt Lindenburg, Moritz'scher Pavillon (um 1908)

chen Pavillonreihe erhalten, die heute wie Fremdkörper auf dem Gelände erscheinen. Das Pensionärshaus hatte 34 Betten, die vier nach Westen gelegenen Pavillonbauten für Frauen 212 Betten, die vier nach Osten hin gelegenen Pavillonbauten für Männer 224 Betten. Dazwischen lagen das Operations- und das Badehaus. Hinzu kam noch der Neubau einer Psychiatrischen Klinik mit 116 Betten in der Nähe des Leiblplatzes, ein Gebäude für die Pathologie und die Anatomie zwischen der Psychiatrischen Klinik und den Frauenpavillons und schließlich noch die Kinderklinik mit 84 Betten östlich der Pathologie.

Mit dem Neubau der Psychiatrie hatten die alten burgartigen Gebäude aus der Mitte des vorigen Jahrhunderts (die »Burg«) aus der Zeit der Herren Lennartz und Maaßen, die man auf alten Abbildungen erkennen kann, aufgehört zu bestehen. Die Lindenburg war nur noch am Rande ein psychiatrisches Krankenhaus, im wesentlichen war sie nunmehr eine große gegliederte Krankenanstalt, wie sie der Stadt Köln, die seit 1904 Sitz der Cölner Akademie für praktische Medizin war, gut anstand. Die Lindenburg war eine der sieben Anstalten, die der Akademie zur Benutzung überwiesen worden waren. Anschrift wurde jetzt die Joseph-Stelzmann-Straße 9, während sie bis dahin Gleueler Straße 88 lautete. Joseph Stelzmann (1831 bis 1905) war von 1880 bis 1905 Stadtverordneter in Köln. Als die Kölner Universität 1919 auf das Betreiben Konrad Adenauers und des Professors Christian Eckert, des Direktors der Kölner Handelshochschule und der Hochschule für kommunale und soziale Verwaltung, neu entstand, wurde die Lindenburg selbstverständlich die Universitätsklinik.

Dieses Buch bietet keinen Platz für die Beschreibung der Tätigkeit der Kölner Universitätsklinik in früherer und heutiger Zeit. Es sei aber noch auf die Klinikneubauten nach dem Zweiten Weltkrieg hingewiesen. Hier sind zu nennen die Neurochirurgische Klinik, erbaut 1951 bis 1953 vom Hochbauamt der Stadt Köln (Theodor Teichen), die 1952 bis 1954 von demselben Architekten erbaute neue Nervenklinik (auf den Fundamenten der alten), das Rehabilitationszentrum der Nervenklinik an der Ecke Lindenburger Allee/Gleueler Straße, erbaut 1964 bis 1966 vom Staatshochbauamt (W. D. Schrader/G. Schmitz-Gielsdorf/G. Müller),

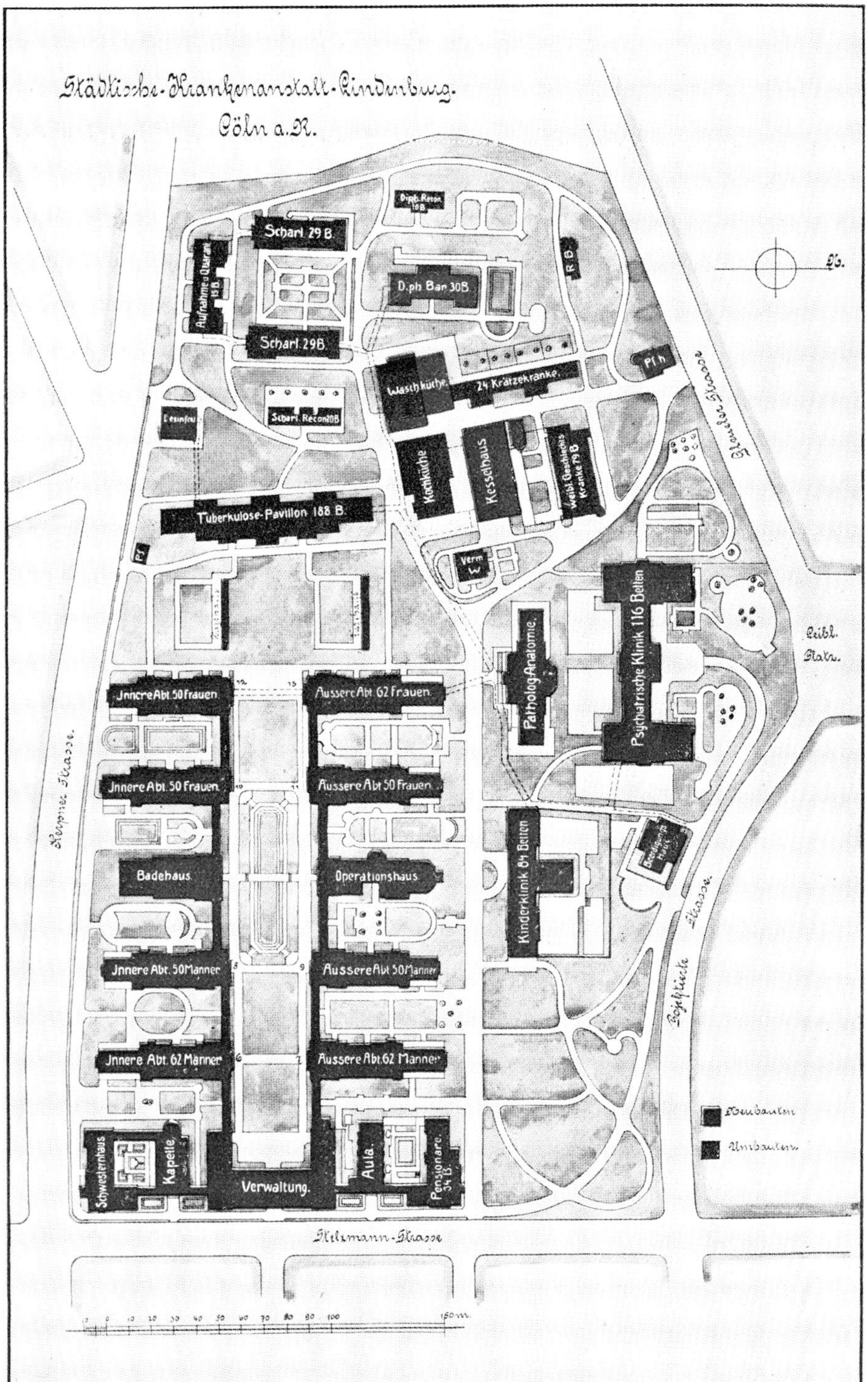

Abb. 204 Lageplan der Städt. Krankenanstalt Lindenburg von 1908

Abb. 205 Im Innern des Lindenburg-Geländes um 1929

die Orthopädische Klinik, fertiggestellt 1956, die sogenannten Theoretischen Institute für Physiologie und physiologische Chemie, erbaut 1957 bis 1960 von Fritz Schaller, die Universitätsfrauenklinik, erbaut 1959 bis 1965 von G. Köhler, F. Kessons, P. Pölzsch, die

Abb. 206 Das neue Bettenhaus der Lindenburg vom Lindenthalgürtel/Ecke Rurstraße aus gesehen (1987)

Augenklinik und die Hals-Nasen-Ohren-Klinik. Auch die Kinderklinik ist erneuert worden.
Auf den Neubau des sogenannten Bettenhauses, das ähnlich den Gebäuden der Deutschen Welle und des Deutschlandfunks in Raderthal in der sogenannten Hängebauweise errichtet worden ist (die Geschosse hängen an Tragseilen, die am Dach des zuerst errichteten Kernes befestigt werden), ist schon hingewiesen worden. Nachzutragen ist, daß dieses höchste Bauwerk Lindenthals durch seine dunkelbraune Edelrostaußenhaut und seine schmutzigen, verätzten und nicht zu öffnenden Fenster nicht nur bei den Kranken unbeliebt ist. Im Jahre 1987 schreiten die Neubauten im Anschluß an das Bettenhaus, vor allen Dingen längs der Kerpener Straße, ihrer Vollendung entgegen. Diese Bauten, ebenfalls in Pavillonform, aber mit einer Art Granitverkleidung, treten damit an die Stelle der früheren südlichen Pavillonreihe. Jahrelang befand sich hier ein hölzerner Bauzaun, der die häßlichste Stelle Lindenthals verdeckte, ein riesiges, mehrere Stockwerke tiefes Loch, in dem sich das Wasser sammelte. Das Bauvorhaben mußte für etwa 10 Jahre unterbrochen werden, da die

Finanzierung durch das Land Nordrhein-Westfalen nicht gesichert war. An dieser Stelle ist auch zu erwähnen, daß nicht nur die früher städtische Universität staatlich geworden ist, sondern auch die Lindenburg, nachdem sie übergangsweise halb städtisch und halb staatlich war.

Auf dem Lindenburggelände ist, abgesehen von den großzügigen vor dem Abschluß stehenden Baumaßnahmen, noch einiges zu bereinigen. Eine Reihe von Barackenbauten müßte noch verschwinden bzw. ersetzt werden. Die große Heizanlage mit dem einzigen großen Schornstein Lindenthals wird z. Zt. verändert, da von Kohleheizung auf Fernheizung umgeschaltet wird. Die Leitungsarbeiten haben über ein Jahr den Verkehr auf der Bachemer Straße und der Gleueler Straße beeinträchtigt. Der Schornstein wird bald fallen.

An der Kerpener und an der Robert-Koch-

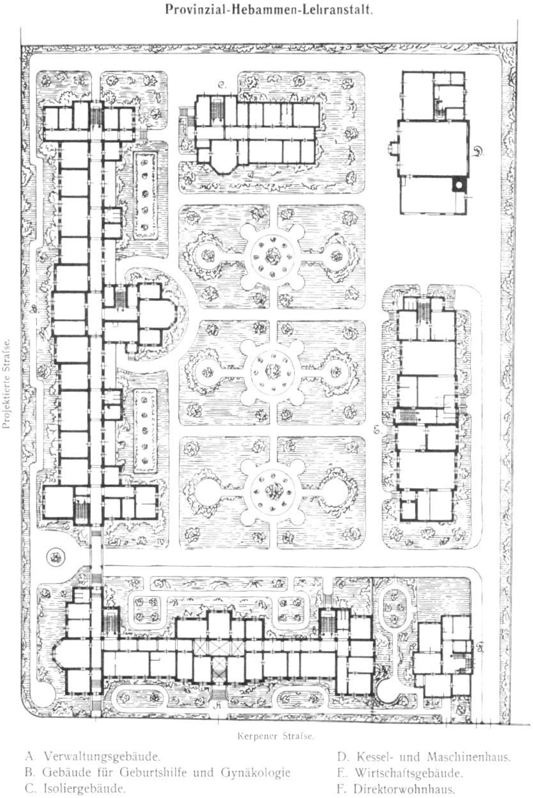

Abb. 207–208 Grundriß und Gebäude der Provinzial-Hebammen-Lehranstalt (um 1915)

Abb. 208 Gebäude der Provinzial-Hebammen-Lehranstalt (um 1915)

Straße stehen Ziegelsteinbauten, die heute von den Universitätskliniken genutzt werden, früher jedoch zur Provinzial-Hebammen-Lehranstalt gehörten. So ist beispielsweise in dem mit einem großen Mosaikwappen gezierten ehemaligen Verwaltungsgebäude an der Kerpener Straße die Zahnklinik untergebracht. 1906 beschloß die Rheinprovinz, die damalige Hebammen-Lehranstalt in der Jakobstraße in der Kölner Innenstadt an die Stadt Köln zu verkaufen und stattdessen das 18 000 qm große Grundstück an der Kerpener Straße für 425 000 Mark zu erwerben und darauf mit einem Aufwand von 1 450 000 Mark das genannte Verwaltungsgebäude, einen Pavillon für Geburtshilfe und Gynäkologie, ein Isolierhaus, ein Maschinen- und Kesselhaus, ein Wirtschaftsgebäude und ein Direktorenwohnhaus zu errichten. Das Haus für Geburtshilfe und Gynäkologie besaß 144 Betten, das Isolierhaus 22 Betten, das Wirtschaftsgebäude 45 Betten für Schwangere, das Verwaltungsgebäude 70 Betten für Hebammenschülerinnen und 12 Betten für Wärterinnenschülerinnen. Außerdem gab es noch vier Ärztewohnungen zu je zwei Zimmern, zwei Wohnungen für fremde Ärzte sowie mehrere Räume für Dienstpersonal. Zweck der Gebäude war nicht nur die Heranbildung der Hebammen, was auch in einem anderen Institut in Elberfeld geschah, sondern auch die Geburtshilfe selber. Im Jahre 1908 wurden noch in der Anstalt in der Jakobstraße 3000 Entbindungen vorgenommen.

Friedhöfe, Wegekreuze und Inschriften

Die älteste Lindenthaler Begräbnisstätte ist der Kirchhof am Krieler Dom, auf dem Beerdigungen allerdings nur bis 1869 erfolgten. (1986 wurde eine Ausnahme gestattet, als der erste Pfarrer von St. Albertus Magnus, Johannes Gross, zu Grabe getragen wurde.) Nach 1869 wurde der Friedhof an der Decksteiner Straße eröffnet, der seinerseits bis 1917 belegt wurde. Heute finden Beerdigungen verstorbener Lindenthaler Bürger nur noch auf dem zu Lindenthal gehörenden Friedhof Melaten an der Aachener Straße oder auf dem Südfriedhof in Zollstock statt. Auch im Bereich der Lindenburg hat es um die Mitte des vorigen Jahrhunderts, als dort die Irrenanstalt eröffnet wurde, eine Beerdigungsstätte gegeben.

Der Decksteiner Friedhof mit seinen alten Bäumen und Eingangstoren stellt heute eine wenig besuchte Oase der Ruhe in dem südwestlichen Teil Lindenthals dar. Vor etlichen Jahren ist aus dem Friedhof eine Grünanlage mit Ruhebänken geworden. Die Gräber, die nicht mehr gepflegt wurden oder nicht durch bemerkenswerte Grabanlagen auffielen, wurden beseitigt. Leider sind heute einige Grabanlagen, die sich noch vor wenigen Jahren in einem ordentlichen Zustand befanden, zerstört oder völlig unansehnlich und unkenntlich geworden. So ist dieser Friedhof, der früher als ein Führer durch die Altlindenthaler bürgerliche Gesellschaft galt, heute nur noch ein wildromantischer Flekken, der Erinnerungen an die Vergangenheit nicht mehr unbedingt heraufbeschwört, sondern nur noch vage aufkommen läßt.

Hinter dem eigentlichen Decksteiner Friedhof befindet sich der 1920 von der Gemeinde Adass Jeschurun erworbene jüdische Friedhof. Diese Gemeinde kämpfte für ihre orthodoxen Grundsätze und führte innerhalb der Kölner Judenschaft eine Spaltung herbei.

Der Friedhof ist 1927 und zu Beginn der Nazizeit erheblich geschändet worden, und doch wurden noch während des Zweiten Weltkrieges dort Juden beerdigt.

Auch nach dem Krieg haben auf diesem Friedhof gelegentlich Beerdigungen stattgefunden. Der Friedhof ist heute nicht mehr frei zugänglich, sondern nur über einen Weg nördlich des Decksteiner Friedhofs und durch ein Privathaus zu erreichen. Am Anfang des Weges befindet sich ein eisernes Tor, das auf einem Flügel noch einen Davidsstern aufweist.

Die gegenüber dem Decksteiner Friedhof wertvolleren und älteren Grabdenkmäler auf dem alten evangelischen Friedhof an der Kerpener Straße/Ecke Weyertal befinden sich in einem besseren Zustand. Ihrer nimmt sich schon seit Jahrzehnten die Denkmalpflege an. (Im Jahre 1986 gab es in der Universitätsbibliothek eine eigene Ausstellung über diesen Friedhof.) Nach der Reformation wurden die evangelischen Bürger nicht auf den Kirchhöfen an den einzelnen Pfarrkirchen in Köln beerdigt, sondern wie die Armen und Fremden auf dem Elendenfriedhof an der Elendskirche in der Nähe der Pfarrkirche St. Johann Baptist. Diese Regelung wurde später von der Stadt verboten, so daß die Protestanten um 1576 aufgrund einer Schenkung den Friedhof an der Kerpener Straße einrichten konnten. Stifterin war u. a. eine Frau Ursula von Goer zu Kaldenbroek. Da anfänglich die Niederländer den Hauptbestandteil der reformierten Gemeinde ausmachten, wurde der Friedhof vor dem

Abb. 209 Auf dem jüdischen Friedhof in Deckstein

Weyertor als Geusenfriedhof bezeichnet und ist noch heute unter diesem Namen bekannt. Die Beerdigungen dort fanden bis 1829 (in Einzelfällen bis 1875) statt, als der Melatener Friedhof für alle Konfessionen geöffnet wurde. Man findet auf den zum Teil von Efeu überwachsenen Grabsteinen Daten der Familien Carstanjen, Wedige, Hack, Hasenclever und Meinerzhagen. Es ist insbesondere das Grab des Christian Gottlieb Bruch (1771 bis 1836), des evangelischen Pfarrers, Konsistorialrats und Superintendenten zu erwähnen. Es handelt sich bei ihm um den Großvater des in Köln im Richmodishaus am Neumarkt geborenen Komponisten Max Bruch (1838–1920), dessen 150. Geburtstag wir 1988 feiern und nach dem schon zu seinen Lebzeiten in Lindenthal die Max-Bruch-Straße benannt worden ist. Eine Lithographie des Kölner Künstlers August Wegelin um 1850 vermittelt uns einen romantischen Eindruck dieses alten Friedhofs.

Der Friedhof Melaten wurde am 29. Juni 1810 geweiht. Eine Neuanlage fand nach dem Plan des Düsseldorfer Gartenarchitekten Maximilian Friedrich Weyhe in den Jahren 1826 und 1827 statt. Weyhe schuf auch die Pläne für den Park der Kitschburg.

Eine Vergrößerung des ursprünglich 12 Morgen großen Friedhofs erfolgte 1833 auf 30 Morgen. Weitere Vergrößerungen fanden 1849, 1868 und 1875 statt, so daß der Friedhof zuletzt 78 Morgen groß war.

Das älteste Friedhofstor (das heutige mittlere), dem die anderen Friedhofstore nachgebaut sind, wurde von dem Erzkölner Ferdinand Franz Wallraf (1748 bis 1824), dem letzten Rektor der reichsstädtischen Universität, nach Art eines ägyptischen Pylons entwor-

Abb. 210 Der Geusenfriedhof am Weyertal, Ecke Kerpener Straße

fen. Wallraf gab diesem Tor die heute noch erhaltene, vergoldete Inschrift »FUNERIBUS AGRIPPINENSIUM SACER LOCUS«. An den Seiten wurden folgende Inschriften angebracht: »Transi non sine votis, mox noster« und »Have in beatius aevum seposta seges«. Die Inschriften sollten aussagen, daß es sich um einen heiligen Ort für die Beerdigungen der Kölner handele und man nicht ohne Gebete für die Verstorbenen vorbeigehen möge, da man selbst bald zu ihnen gehöre. Die ins Grab gesenkte Saat solle in ein glücklicheres Zeitalter aufsteigen.
Das mittlere Friedhofstor eröffnet den Hauptweg. Das westliche Tor wurde 1884 für eine abermalige Friedhofserweiterung (den neuen Teil des Friedhofs) angelegt, die immerhin 70 Morgen umfaßte. Eine zwischen beiden Teilen führende Straße wurde später angelegt.
Das alte Friedhofskreuz stammt von dem früheren Brigidenkirchhof und wurde 1850 durch ein neues Friedhofskreuz von Vincenz Statz ersetzt.
Zu den bedeutendsten Grabmälern bzw.

Abb. 211 Grabstein des Herrn Teschenmacher von Recklinghausen auf dem Geusenfriedhof

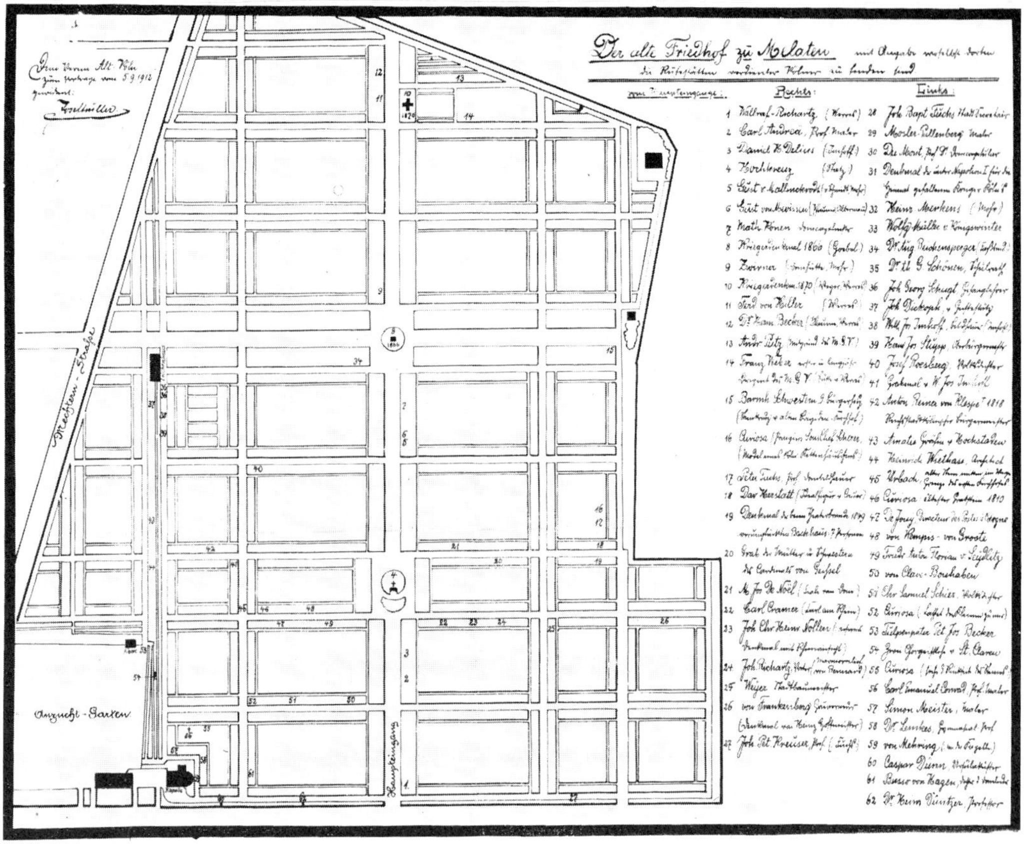

Abb. 212 Lageplan des alten Friedhofs zu Melaten um 1912

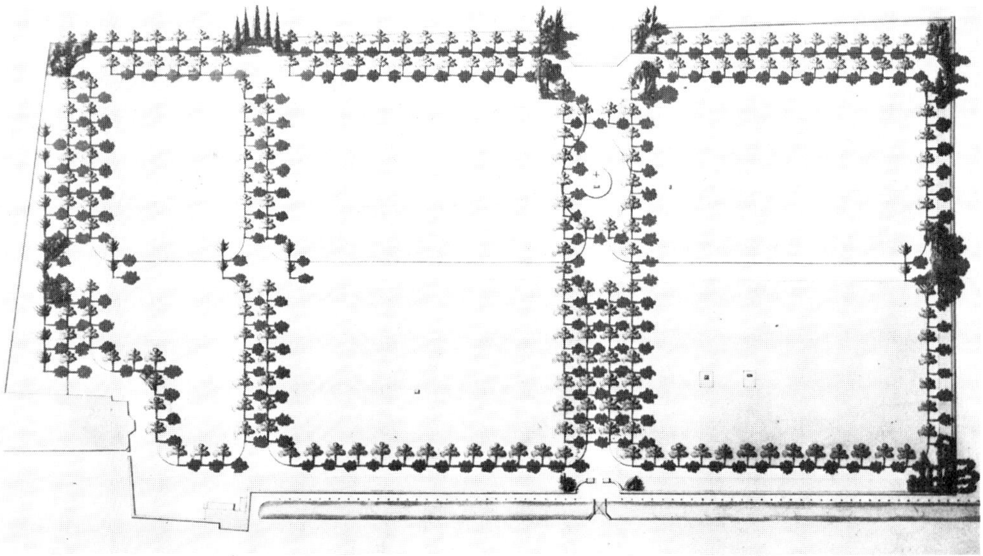

Abb. 213 Plan der Bepflanzung des Gottesackers zu Melaten von M. F. v. Weyhe, 1826

Abb. 214 Wächterhäuschen auf dem Friedhof Melaten (um 1920)

Denkmälern zählen das Grabmal der Familie Hamm mit trauerndem Genius aus rotem Sandstein (1821, von P. J. Imhoff) und das des Regierungspräsidenten Delius (gestorben 1832, Obelisk mit Relief eines Genius, ebenfalls von P. J. Imhoff), das erst vor wenigen Jahren nach seiner völligen Zerstörung wieder aufgebaut worden ist.

Bemerkenswert ist auch das Kriegerdenkmal 1866 (errichtet 1870) von C. Goebel, das auf einem Rondell die Kreuzung der beiden Hauptachsen des Friedhofs markiert. Auf ihm steht mit ausgebreiteten Schwingen ein Adler. Ebenso ist das Kriegerdenkmal für den deutsch-französischen Krieg 1870/71 von Anton Werres, Hermann Weyer und Jean Nothen mit Ausnahme der den krönenden Abschluß bildenden Germania noch erhalten. Hinter ihm liegt heute ein einfacher Soldatenfriedhof für Gefallene des Zweiten Weltkriegs.

Obwohl der Zweite Weltkrieg erhebliche Schäden verursacht hat, sind noch viele schöne Beispiele klassischer, neugotischer und Jugendstil-Grabmäler erhalten geblieben. Auch der Expressionismus der zwanziger Jahre brachte bemerkenswerte Denkmäler hervor. Aus der Zeit danach, vor allen Dingen aus jüngster Zeit, sind keine besonderen Beispiele zu nennen.

Auf dem Melatenfriedhof begegnen wir den Grabstätten Kölner Oberbürgermeister, Gerichtspräsidenten, Dombaumeister, Ehrenbürger, Professoren, Künstler, Kaufleute und Wirtschaftsführer, den Schwestern und Brüdern der Kölner Ordensgemeinschaften und

Abb. 215 Der Hauptweg des Friedhofs Melaten, nach einem Aquarell von J. P. Weyer (1838)

Abb. 216 Grabmäler von 1911. Entwürfe von Carl Zaar

Abb. 217 Kriegerdenkmal von 1866

Abb. 218 Die alte Trauerhalle (1974)

den Pfarrern der Altstadtkirchen. Ein Gang durch die Grabreihen über die Alleen bedeutet ein tiefes Eintauchen nicht so sehr in die Lindenthaler, als vielmehr in die stadtkölnische Geschichte der letzten 180 Jahre. Melaten besitzt zwar nicht eine so konzentrierte Ansammlung von Grabstätten in ganz Deutschland oder noch darüber hinaus bekannter Persönlichkeiten wie der Alte Bonner Friedhof, steht diesem aber wegen seiner Vielfalt und Größe in seiner Bedeutung kaum nach.

Ein Spaziergang über den Melatenfriedhof zeigt uns nicht nur hervorragende gärtnerische Anlagen, uralte und seltene Bäume, einzeln und in Alleen, sondern stellt außerdem eine Reise durch den Kölner »Gotha« dar. Auch heute noch läßt sich mit nur wenigen Ausnahmen jeder Kölner, der etwas auf sich hält, auf Melaten beerdigen. Die Lindenthaler genießen als einzige Kölner den Vorzug, daß sie einen Anspruch darauf haben, auf Melaten begraben zu werden. Für einen Lindenthaler wäre eine Beerdigung auf dem Süd-, West- oder Nordfriedhof ein ebensogroßes Sakrileg, wie etwa auf die rechte Rheinseite, die schäl Sick, zu verziehen. An dieser Stelle darf auch darauf hingewiesen werden, daß die Lindenthaler sich durchaus von den Marienburgern, Rodenkirchnern oder Neumüngersdorfern, erst recht von denen am Egelspfad unterscheiden und auch unterscheiden möchten. Am ähnlichsten sind ihnen noch die Braunsfelder.

Inzwischen wird sehr viel für die Erhaltung des Friedhofs und der Grabmäler getan, vor allen Dingen unter der Ägide von Ralf Maria Beines vom Amt des Stadtkonservators und des von ihm initiierten Fördervereins. Seit Jahren werden schon Patenschaften für wertvolle, aber nicht mehr gepflegte Grabdenkmäler vergeben. Ungeachtet zahlreicher juristischer Schwierigkeiten ist es möglich, ein altes Grabmal sozusagen zu erwerben, es auf eigene Kosten restaurieren und dann so bearbeiten zu lassen, daß die alten Inschriften nach hinten weisen und vorne Platz für neue, eigene Inschriften geschaffen wird. Auf diese Weise werden die alten Grabdenkmäler zu Kunstdenkmälern, die auch heute noch beachtet werden. Lobenswert ist die detailgetreue Restaurierung eines Friedhofswärterhäuschens am Mitteleingang und die Renovierung der langen Friedhofsmauer, in unterschiedlicher Gestaltungsweise, von klassizistisch bis neugotisch. Außer durch die

Abb. 219 Die Grabstätte der Pfarrer aus der Kölner Altstadt

drei genannten großen Tore und eine Einfahrt für die Verwaltung wird die Mauer an einer weiteren Stelle unterbrochen, um einen Durchlaß zu der alten Friedhofskapelle St. Johann Baptist zu bieten, die man im Sommer vor lauter Bäumen gar nicht richtig

Abb. 220 Das Jatho-Denkmal (1914)

erkennen kann. Nördlich an den Melatenfriedhof grenzt der Ehrenfelder Friedhof. Lindenthal hat zwar viele Friedhöfe, aber wenig Wegekreuze und Bildstöcke. Der Bildstock an der Dürener Straße/Ecke Prälat-van-Acken-Straße wurde bereits erwähnt, aber noch nicht der Bildstock auf der Verkehrsinsel an der Gleueler Straße/Ecke Decksteiner Straße. Er wurde vor wenigen Jahren in seine Einzelteile zerlegt und nach alten Fotografien wieder neu zusammengesetzt und aufgebaut. Ein kaum inmitten seiner grünen Umgebung erkennbares Wegekreuz steht an der Nordseite der Dürener Straße zwischen Militärringstraße und Etzelkaserne, ungefähr am Heinrich-Stevens-Weg. Über dieses Kreuz ist wenig bekannt. Im Mittelblock lautet die Inschrift: »So lieb ich Dich! Wie liebst Du mich?« Aus dem ersten Petrusbrief ist der Text im Sockelblock entnommen: »Er trug unsere Sünden an seinem Leibe auf dem Holze, damit wir der

Abb. 221 Wegekreuz aus dem 19. Jh. in der Nähe der Etzelkaserne

Abb. 222 Bildstock an der Ecke Dürener und Prälat-van-Acken-Straße

Sünde abgestorben der Gerechtigkeit lebten.«
Gegenüber dem Stüttgenhof, schon auf Lindenthaler Gebiet, finden wir ein drittes, großes Heiligenhaus.
Außer dieser Inschrift und denjenigen am Melatenfriedhof gibt es in Lindenthal wenige Inschriften an Bauwerken, insbesondere Wohnhäusern, im Gegensatz zu anderen Kölner Stadtteilen. An dem Eckhaus Dürener Straße/Kitschburger Straße befindet sich der aufgrund des starken Bewuchses kaum lesbare Spruch: »Gott die Ehre, Friede den Menschen«. In der Joeststraße 2 lesen wir über der Hauseingangstüre den lateinischen Spruch: »Pax intrantibus, salus exeuntibus« (Friede den Eintretenden, Heil den Weggehenden). Auf dem Gebäude der Lindenthaler

Abb. 223–224 Reliefs und Inschriften am Gebäude der Feuerwache Gleueler Straße

Feuerwehr in der Gleueler Straße sind zwei Reliefs angebracht, die folgenden Spruch tragen: »Wo wehrhafter Männer Mut kämpft gegen Feuersglut, ist Leben, Hab' und Gut der Bürger in treuer Hut.«

Schließlich besitzt das Haus Franzstr. 24 ein Spruchband in Brusthöhe mit der Inschrift: »Nicht Gunst, nicht Fleiß noch Arbeit nützt, – wenn Gott, der Herr, das Werk nicht stützt! Erbaut A. D. 1929«.

Bildnachweis

Adenauer: 10, 11, 32, 33, 34, 35, 77, 78, 117, 119, 125, 142, 160, 163, 165, 168, 171, 177, 179, 180, 182, 183, 184, 189, 190, 191, 196, 205, 207, 208, 220, 221, 222;
Bachem Verlag: 101, 149;
Beitzen: 23, 98, 99, 100, 115, 116, 118, 122, 127, 158, 170;
Cronica van der hilliger Stat Coellen: 12;
Dari-Verlag: 79, 80, 81, 110, 143;
Festschrift der Liebfrauen-Schule (1966): 144, 145;
Festschrift des Apostelgymnasiums: 146;
Festschrift des Klosters Zur Heiligen Elisabeth (1987): 188, 200;
Festschrift zur Versammlung deutscher Naturforscher und Ärzte (1908): 203, 204, 218;
Greven's Adressbuch (1879): 94;
Gröbe: 1, 5, 8, 17, 20, 21, 25, 26, 45, 46, 49, 50, 51, 53, 56, 57, 58, 62, 71, 72, 76, 86, 87, 88, 89, 90, 91, 132, 133, 134, 135, 136, 151, 152, 159, 192, 193, 194, 206, 223, 224;
Handbuch der Stadt Köln von 1925: 84, 85;
Historisches Archiv des Erzbistums Köln: 36;
Historisches Archiv der Stadt Köln: 22, 40, 113, 129, 130, 175, 213;
Kölner Stadt-Anzeiger (6. 11. 1984): 83;
Kölner Verkehrsbetriebe: 95, 96, 97;
Köln und seine Bauten (1888): 186; 187;
Die Kunstdenkmäler der Rheinprovinz (1934): 24, 40, 154, 155, 156, 176;
Rheinisches Bildarchiv: 2, 3, 4, 6, 7, 9, 14, 15, 18, 19, 27, 28, 29, 30, 37, 38, 39, 42, 44, 48, 51, 52, 54, 55, 70, 73, 74, 92, 93, 111, 114, 120, 121, 123, 124, 131, 147, 148, 153, 164, 166, 167, 169, 172, 173, 174, 181, 195, 197, 198, 199, 201, 209, 210, 211, 212, 214, 215, 216, 217, 229, 230;
Rosellen: 31, 37, 42, 47, 51, 102, 103, 104, 105, 106, 107, 108, 137, 138, 139, 140, 141;
Schlieter: 161, 162, 178, 185;
Schumacher, Entwicklungsfragen einer Großstadt: 63–69, 109;
Schwann-Verlag: 75;
Stenzel: 13, 82, 117, 118;
Die Universität zu Köln 1919–1969: 150, 202;
Vogt: 126.

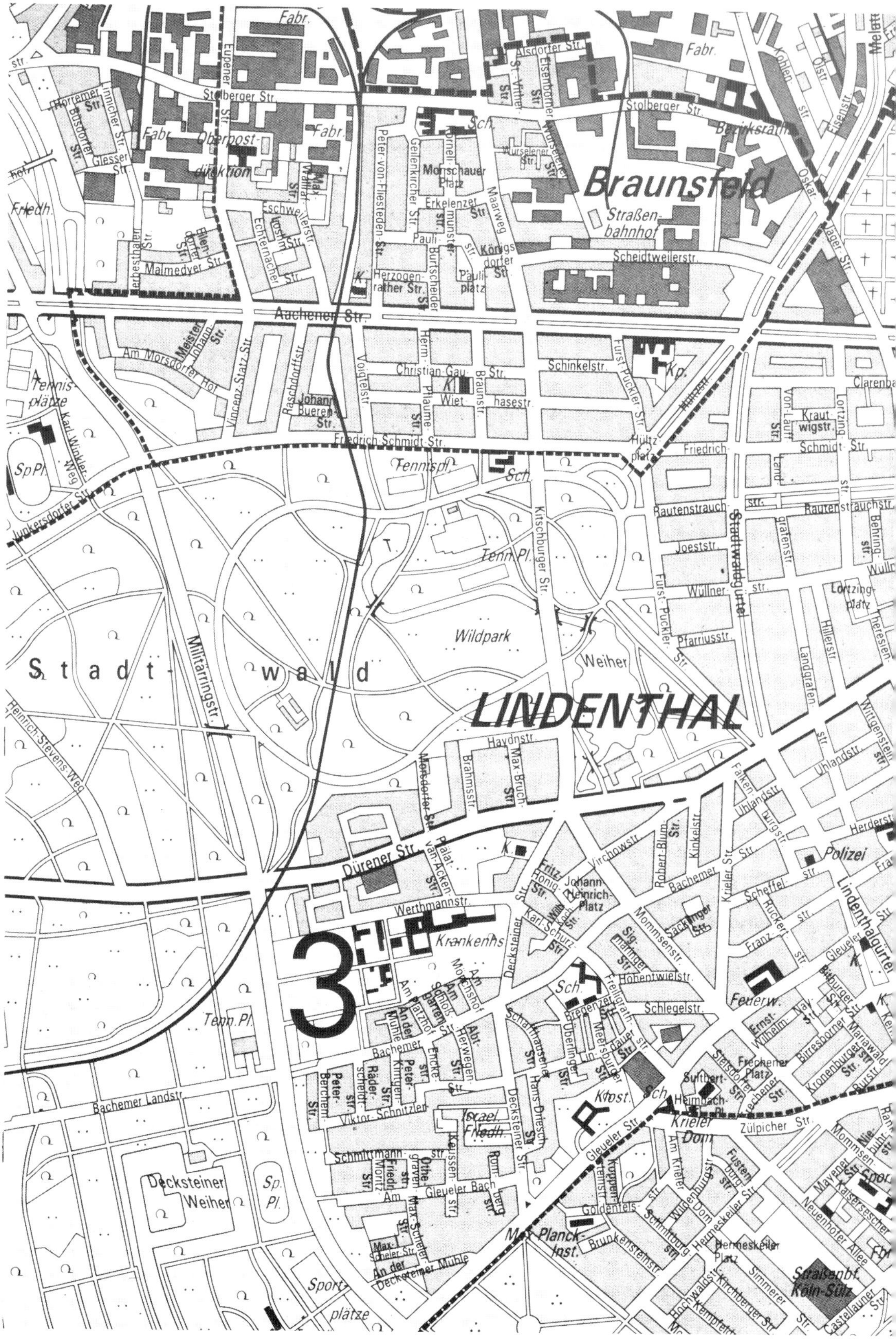

Braunsfeld
Straßen-bahnhof
Stolberger Str.
Aachener Str.
Friedrich-Schmidt-Str.
Oberpost-direktion
Fabr.
Scheidtweilerstr.
Schinkelstr.
Stadtwaldgürtel
Junkersdorfer Str.
Militärringstr.
Stadt-wald
Wildpark
Weiher
Kitschburger Str.
LINDENTHAL
Dürener Str.
Krankenhs
3
Bachemer Landstr.
Decksteiner Weiher
Lindenthalgürtel
Polizei
Feuerw.
Zülpicher Str.
Krieler Dom
Max-Planck-Inst.
Straßenbf. Köln-Sülz
Israel. Friedh.
Sportplätze
Tennisplätze
Friedh.
Gleueler Str.